建築の仕組みが見える

Mechanism of architecture | X-Knowledge

最高の緑とエクステリア

編／建築知識

02

JN188450

目次

外構に求められる6つの調和 …… 006

外構空間のつくり方 …… 008

1章 エリア別外構設計 …… 011

アプローチ・玄関廻り …… 012

植栽帯で囲う …… 014

曲がり角を設けて視線を切り替える …… 015

緑豊かな中庭をアプローチとする …… 016

アプローチを湾曲させて距離を稼ぐ …… 018

アプローチと内部をつなぐ「軒端」を設ける …… 019

アプローチを演出して表情豊かなファサードをつくる …… 020

スロープを併設して利便性とバリアフリーに配慮する …… 021

斜面に石庭をつくり、敷地全体を「庭」にする …… 022

気分を切り替える場を設ける …… 023

素材感と段差で奥行き感を演出 …… 024

「竿」に屋外階段を設け、立体的に庭を扱う …… 025

「竿」の狭さを利用して印象的なアプローチにする …… 026

園路の基本形状 …… 028

アプローチの主な舗装種類 …… 029

植栽を建物に沿わせて建物の印象をやわらげる …… 030

木板張りで親しみやすさを演出 …… 031

外壁は街並みになじむ素材を選ぶ …… 032

中庭を利用して視線をかわす …… 033

ルーバーで視線を遮る …… 034

玄関前に植栽スペースを設ける …… 035

外壁をへこませて視線を遮る …… 036

玄関横にベンチを設置する …… 037

玄関を人が集う場所にする …… 038

アプローチを外に開放して街とつながる …… 039

アプローチを部分的に閉じる …… 040

集合住宅でも玄関廻りを充実させる …… 041

竪樋を構造柱のように見せる …… 042

あえて室内から見える位置に鎖樋を設ける …… 043

中庭の竪樋は鎖樋でデザイン要素にする …… 044

[資料] アプローチ・玄関 …… 045

門柱・ポスト・宅配ボックス …… 048

アプローチの手前に設備を配置する …… 048

門扉を設けてパブリックとプライベートの境界をつくる …… 049

袖壁に宅配ボックスと外部収納を設ける …… 050

門柱の裏にポストを設置する …… 052

門柱・ポスト・宅配ボックス …… 053

【資料】 門扉・門柱 ………………………… 054

column 外構計画のポイント ………………… 056

庭・テラス

小さな庭から光と風を取り込む ……………… 058

庭は建物で囲むと落ち着く ………………… 060

表に華やかな庭、裏にプライベートな庭 …… 062

狭小でも印象的なロックガーデンのファサード …… 063

外周壁で囲んだアプローチでコートハウス風に …… 064

外部物置を緑化する ………………………… 065

バルコニーに花置き台を設ける ……………… 066

バードバスのわずかな水で潤いのある庭をつくる …… 067

「水」の存在を感じる庭をつくる ……………… 068

警戒心の強い野鳥を観察するための庭づくり …… 069

バードバスは水深と設置位置に注意 ………… 070

DIYのレンガ敷きで集いやすい庭にする …… 071

ベンチ＋樹木で居心地のよい場所にする …… 072

日当りのよい屋上を家庭菜園にする ………… 074

棚畑の植栽をアイストップに用いる ………… 075

クローバーの築山で「野原」をつくる ………… 076

凹形テラスで視線を気にせず外を楽しむ …… 077

斜めデッキで緑を室内に近づける …………… 078

【資料】 庭・テラス ………………………… 080

【資料】 庭・テラス ………………………… 081

column 家具の寸法まで考えた庭・デッキ …… 084

開口部

胸高さの地窓で存在感主役級の廊下になる …… 086

魔法の「正方形窓」で植栽をグラフィカルに切り取る …… 087

庭を眺めるリビングならコーナー窓 ………… 088

視線をかわしながら庭とつながる …………… 089

猫間障子で見るも隠すも自由自在 …………… 090

ブラインドは外に付けて空間の広がりをコントロール …… 091

機能性・意匠性・耐久性◎。3拍子そろった和の建具「経木簀戸」 …… 092

太陽光と見下ろしの視線をオーニングでコントロール …… 093

仕切り・塀

道路に面した庭は板塀で囲んでプライベート空間に …… 094

土留めを兼ねたコンクリートブロック×板塀で …… 096

庭への視線をカット ………………………… 098

板塀の透かし張りでコストを抑える ………… 099

板塀の重ね張りでプライバシー確保 ………… 100

下地材を使った格子の板塀で外の気配を感じる …… 101

見立ての外壁で建物を囲み、敷地を境界線いっぱい活用する …… 102

打水塀で涼やかに視線を遮る ………………… 103

玄関前には北風避けの薪塀を ………………… 104

土木工事から転用したじゃかごの塀と現場フェンスで外構をつくる …… 105

（106）

ポーチを兼ねた土間空間をルーバーで囲い、猫の脱走防止に …… 107

非住宅と住宅を分けるルーバー壁 …… 108

ルーバーで脱走防止の前室をつくる …… 109

経年変化を楽しむ緑の塀 …… 110

緑のフェンスで空中に庭をつくる …… 112

通行人を楽しませる緑のスクリーン …… 113

【資料】 塀・フェンス …… 114

column 集まって住むための外構 …… 116

駐車・駐輪スペース

建物と一体化させた"ビルトインガレージ風"の駐車スペース …… 118

存在感を抑えたカーポート …… 119

建物に似合うデザインのカーポート …… 120

駐車スペースを庭の1つとして使う …… 122

駐車方法に合わせた駐車スペースの緑化 …… 123

玄関の庇を活用する …… 124

既製品サイクルポートを板塀で隠してすっきり見せる …… 125

【資料】 駐車・駐輪スペース …… 126 127

外部収納・離れ・薪置き場

自然な外観で既存建物とも調和する離れ …… 130

使いやすく見ていても楽しい薪置き場をつくる …… 131 132

寒冷地仕様の外部収納・外水栓 …… 133

戸袋を利用した便利な外部収納 …… 134

【資料】 外部収納・その他 …… 135

2章 照明計画 …… 137

外構照明 …… 138

目的に応じて器具と光の出方を選ぶ …… 139

人を迎える場所は人の顔が見えるように …… 140

ホッとするほの明るい常夜灯 …… 141

地中埋込み型で演出効果を高める …… 142

光でアプローチをつくる …… 144

超狭角によるストライプデザイン …… 145

車の乗り降りや出し入れを安全にする光 …… 146

明るい駐車スペースで車を見せる …… 147

光を抑えて情趣ある佇まいに …… 148

足元の光で演出効果を高める …… 150

夜間でも室内と屋外を一体的に使う照らし方 …… 151

植栽の特徴を見極め、照射角度を選択する …… 152

色温度を使い分けて庭を豊かに引き立てる …… 153

column 照明×屋内緑化 …… 154

3章 植栽基礎知識

植栽

植栽設計・工事のスケジュール	155
植栽のコスト	156
植栽工事前の作業と確認事項	157
ファサードと庭の植栽の配置	158
アプローチと駐車スペースの植栽の配置	159
狭小地の植栽の配置	160
土壌改良で植物の生育を助ける	162
マルチングで過酷な環境から守る	163
雑草の繁殖を防ぐ	164
暗渠排水で庭の水はけをよくする	164
庭に畑を設けて家庭菜園を楽しむ	165
コンポストで落ち葉から堆肥をつくる	165
エリア別植栽リスト	166 167 168

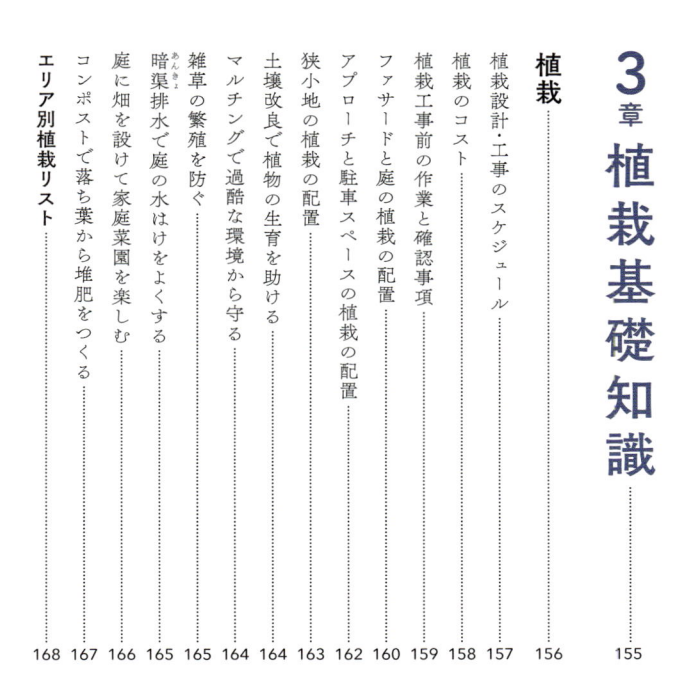

[カバー・表紙デザイン]	名和田耕平デザイン事務所
[カバーアートワーク]	fjsmu
[本文デザイン]	米倉英弘（細山田デザイン事務所）

[イラスト]
- うてのての（48、118、130頁）
- オノタツヤ（6、86、138、156頁）
- カミグチヤヨイ（12、13頁）
- 久米火詩（58、59頁）
- フジノマ（96、97頁）

[図面トレース]
- 加藤陽平
- 川崎祐里沙
- 渋谷純子
- 杉本聡美
- 坪内俊英（いろは意匠計画）
- 長岡伸行
- 中川展代
- 夏井真次
- 長谷川智大
- 堀野千恵子

[14〜163頁植栽写真]
写真AC（14、21、44、63、75、121、124頁）
庭木図鑑 植木ペディア（https://www.uekipedia.jp/）（上記以外）

[DTP] 竹下隆雄（TKクリエイト）

[印刷・製本] シナノ書籍印刷

本書は、「建築知識」2022年3月号特集を加筆・修正のうえ再編集したものです。

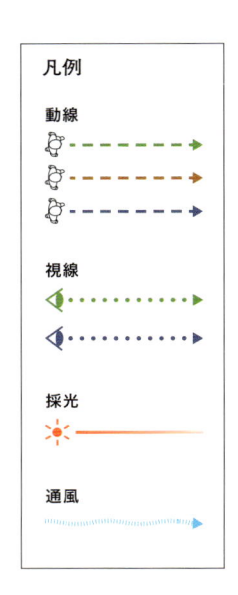

凡例

動線

視線

採光

通風

外構に求められる6つの調和

外構は最後に施工する場所だが、最初に人の目に触れる場所でもある。予算をにらみながら、経年変化も見越したメンテナンス方法にまで目配りして、デザインを考えたい。また、設計に際しては敷地周辺の状況や自然環境にも注意を配りたい。特に、次の6つの調和を考慮した設計が大切だ。

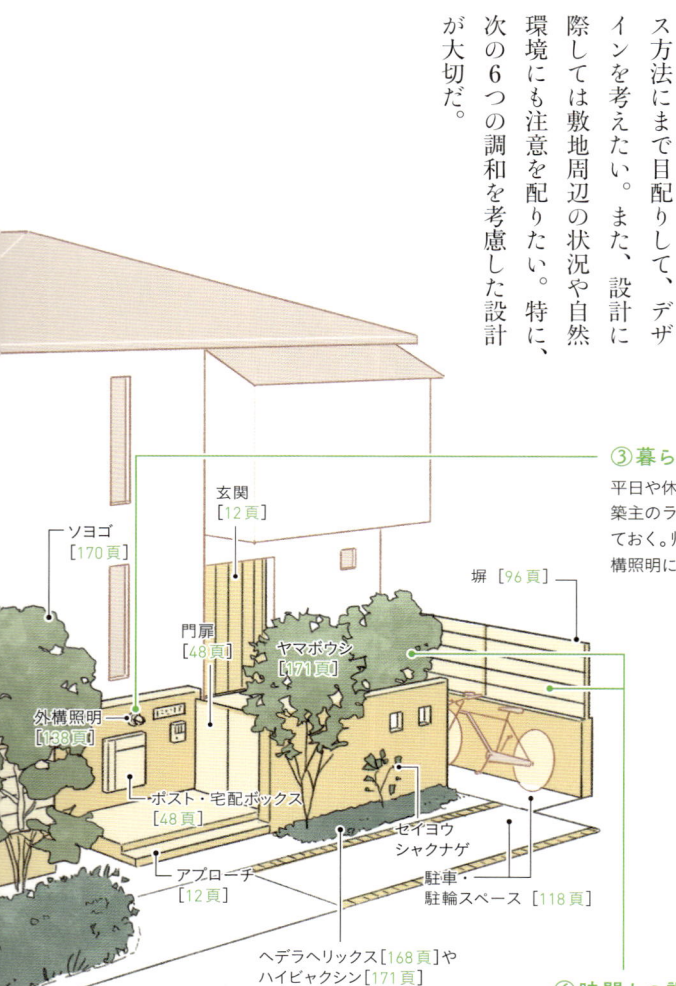

玄関
[12頁]

ソヨゴ
[170頁]

門扉
[48頁]

ヤマボウシ
[171頁]

塀 [96頁]

外構照明
[138頁]

ポスト・宅配ボックス
[48頁]

アプローチ
[12頁]

セイヨウ
シャクナゲ

駐車・
駐輪スペース [118頁]

ヘデラヘリックス[168頁]や
ハイビャクシン[171頁]

③ 暮らしとの調和

平日や休日の過ごし方など、建築主のライフスタイルを把握しておく。帰宅が夜遅い場合は、外構照明に工夫を凝らすとよい

⑥ 時間との調和

木製のエクステリアなどは、風雨や日照にさらされると経年に伴い劣化する。たとえば竹垣を設ける場合、7〜8年で取り替えを行う必要がある。建築主がメンテナンスにどの程度手間やコストをかけられるのかを確認しておきたい。また、植栽は年々大きくなることを見込んで、どのように管理していくか考えておく

① 建物との調和

外構は建物との調和が重要。外壁の色やテクスチュアに合わせて、植栽やエクステリアを選定するとよい。たとえば、木造を前面に出したモダンな和風建築なら、塀は竹垣とし、植栽はモミジやカエデなどの樹種を選定するとよい。同じ緑色でも、樹種によって明るい緑色から濃い緑色まであり、季節によって葉の色も変化する。また、花が咲く植栽は、開花した際の見映えを意識したい

② 街並みとの調和

外構は街並みとの均衡を意識して、周囲となじむ意匠、あるいはかぶらないデザインに。近隣の住宅の接道部のつくり方を観察するとよい。外構は外部環境の影響を直接受ける場所なので、どのような素材を使い、どのように経年変化しているかを併せて確認するとよい

植栽
[156頁]

シラカシ
[169頁]

ブルーベリー
[173頁]

外部収納
[130頁]

開口部
[86頁]

テラス[58頁]

庭[58頁]

常緑ヤマボウシ
[170頁]

ハクサンボク
[170頁]

④ 自然環境との調和

その地域の自然環境・気候を把握したうえで、樹種やエクステリアの選定を行う。気温だけでなく、塩害や降雪などの影響を受けるかどうかにも注意。たとえば、海の沿岸部では潮風による影響が大きいので、塩害に強い植栽や材質のエクステリアを選ぶ。また、多雪地帯では雪の重さに耐える材質の検討が必要。雪かき道具や冬期用タイヤなどを保管する場所、雪を溜めて置く場所も確保しておく [133頁]

⑤ コストとの調和

予算がショートして中途半端な状態で引き渡すことになったり、建物と合わない貧相な外構になったりすると、新築の建物も台無しに。外構の予算計画を当初から確保しておくなど、コスト管理が重要
[57・158頁]

解説：山﨑誠子

外構空間のつくり方

プライバシーと景観の美しさを両立する外構

外構とは、門扉・塀、庭、駐車スペース、アプローチ廻りなどを指す。敷地に余裕があるならば、プライバシーが確保された緑豊かな外構空間を設けたいところ。日当りのよい場所には主庭をつくり、室内の採光確保のために光庭や坪庭などを設ける。内外を緩やかにつなげる軒下空間などの中間領域も重要だ。こうした庭空間では、タイルや芝を敷いたテラスを設けて「屋外にあるもう1つのリビング」

のように使ったり、樹木や水盤、石を配置して景色を楽しんだりできる。

狭小地の外構は部屋の広さを補う手段にも

だが、このような外構のつくり方は、地価が高く敷地が狭い都市部の中心地では難しい。建蔽率と容積率の上限ぎりぎりのボリュームで設計することが多く、広い庭を設ける余裕などはないからだ。そこで、屋内空間を補う目的でテラスを設け、リビングの延長として使えるよう、

木製のデッキ材でコンパクトに仕上げられることが多い。植栽もシマトネリコやオリーブなどのあまりスペースを取らない植物や、独特な形をもつアガベ、緑色ではなく赤銅色のニューサイランなど個性的な植物を数本植栽して済ませることが多い。樹木の代わりに鉢物の植栽を配置することもある。

オープンかつシンプルな外構・外観で街になじませる

狭小地では、敷地の接道部に近いスペースの大半を、駐車スペースが占めてしまう。その接道部を塀やフェンスなどでさら

に閉ざすと、外構部はより狭くなる。

こうしたことを避けるために増えているのが、門扉や塀を設けずにオープンな外構のつくりにする手法である。建物の外壁と玄関が道路から見えることになるオープン外構では、前庭の緑を含めたわずかな植栽と、コンパクトなエクステリアのデザインや配置が重要になる。ただし、周囲の住宅や街並みとの調和も大切なので、個性的すぎる外観にならないように十分注意したい。

また、オープン外構では、表札やポスト、インターホン、照明などが組み込まれた門柱が使われる。宅配便を利用する機会が増え、「置き配」に対応する宅配ボックスの需要も高まってい

ることを考慮し、門柱を含めた玄関廻り全体のつくり方に工夫を凝らしたい。

外構設計のプランニング

外構のプランニングは、下のような手順で進めるのが原則。

なお、実際にはこれら各段階の進み方は必ずしも一方通行ではなく、行ったり来たりや循環しながら検討を重ねるのが一般的だ。また、建物と外構は同時に計画するのがベスト。道路との関係など計画地周辺の環境をしっかりと把握しておき、建物の配置や敷地の広さに合わせた外構のプランニングを行おう。敷地が広い場合は隣地との調和を意識して配置し、狭い場合は接道部を緑化するとよい［次頁］。

一般的なプランニングの手順

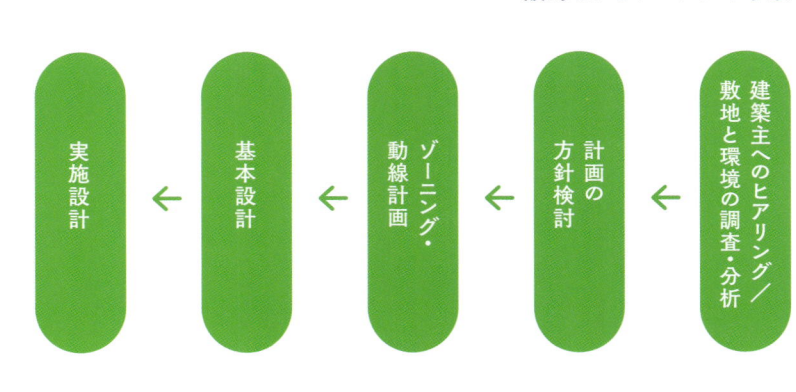

建築主へのヒアリング／敷地と環境の調査・分析 → 計画の方針検討 → ゾーニング・動線計画 → 基本設計 → 実施設計

解説：山﨑誠子

敷地が広い場合

接道部と隣地との関係が重要。道路からの見えがかりや隣地の見え方、周囲の風景の見え方を押さえておく。別荘などで遠くに見える山並みを生かしたい場合は、風景の切り取り方を意識して開口部の位置や大きさを決めるとよい。

2台分の駐車スペースを備えた郊外の敷地の例。隣地や前面道路との境界には、常緑樹の生垣などを設けて視線を緩やかに遮るとよい

周囲が開けた土地の場合は、強風が吹き込んでくることも多いので風対策を忘れずに。建物やフェンスなどの工作物で遮るか、生垣などで防ぐ。常緑樹の生垣で風圧を減らし、その内側に常緑樹と落葉樹が点在するように配植して風の力をさらに弱めることを意識すると効果的

特に傾斜地では排水に注意。地面の仕上げには砂利など水はけのよい素材を選び、敷地に水が溜まらないように排水溝へ向かって勾配をつける必要がある

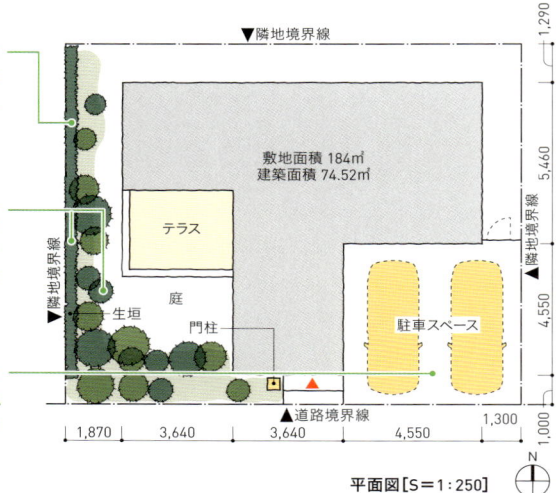

平面図[S＝1：250]

敷地が狭い場合

道路からすぐに玄関となる場合は、接道部の仕上げが特に重要。ポーチや玄関戸を道路に正対させず、角度をずらして配置するなど、外からの視線のかわし方を工夫したい。開口部前に植栽を目隠しとなるように施せば、室内からも緑を楽しめる。

都市部でよく見られるミニ開発の例。一般的なミニ開発では、1,000㎡未満の土地を細分化して、敷地面積100㎡未満など小規模な宅地の分譲や建売住宅を開発する。敷地に余裕がない場合、接道道路との境界には塀やフェンスを設けずオープンな外構にすることも多い

駐車スペースを設ける場合は、そこが住宅の顔になるため、位置や形状を十分検討する。車が停まっていない時間が長いなら、駐車スペースを緑化するなど、車が停まっていなくても寂しくならないデザインにするとよい[124頁]

常緑樹の低木や中木を組み合わせて、接道部側の開口部の目隠しに。シャクナゲ（花期：春）やフヨウ（花期：夏）、サザンカ（花期：秋〜冬）などの花木を組み合わせて植えることで、歩行者の視線を誘導するのも手。花木が植えられない場合は、パンジーやサルビアなど花が目立つ草本を植えてもある程度効果が期待できる

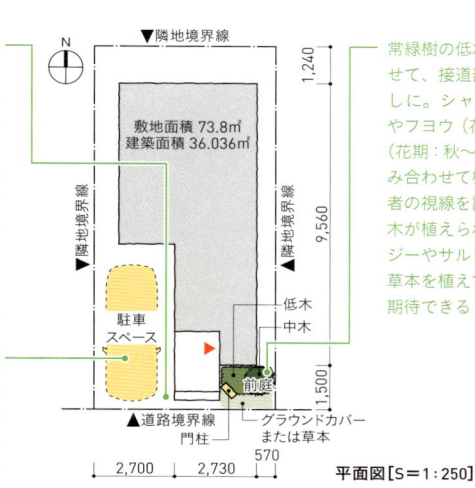

平面図[S＝1：250]

解説：山﨑誠子

1章 エリア別外構設計

アプローチ・玄関廻り 012

門柱・ポスト・宅配ボックス 048

庭・テラス 058

開口部 086

仕切り・塀 096

駐車・駐輪スペース 118

外部収納・離れ・薪置き場 130

［アプローチ・玄関廻り］

玄関、およびそこに続くアプローチは、いわば「住まいの顔」。家族が毎日通り、来訪者を迎える場所でもある。周囲には豊かな緑と、心が和むような素材を取り入れたい。植栽を配置し、アプローチを湾曲させるなどすれば、雰囲気のある小径になるとともに、玄関前の目隠しにもなる。加えて、モノの運搬、駐輪、近隣との交流など、通行以外の行為にも要配慮。ただの通路ではない快適な空間になるよう工夫したい。

アプローチはクランクさせて視線を切り替える

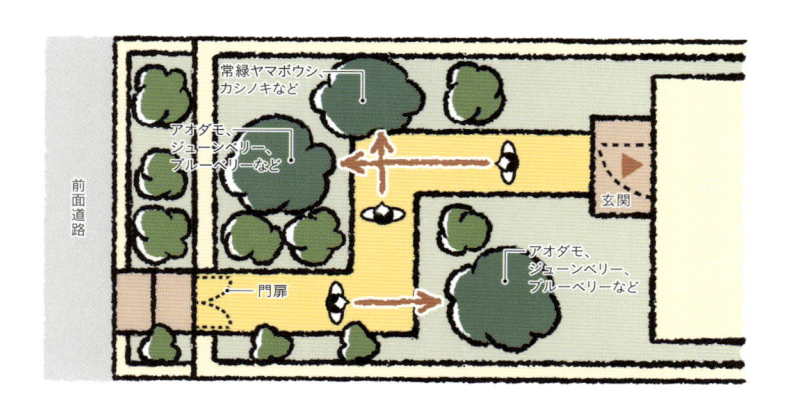

敷地に余裕がある場合は、アプローチは直線ではなく、何度か曲がり角を設けるとよい。視線の向きが切り替わることで、先が見えないワクワク感を味わえる。また、視線の先に植栽を配置すれば、通る人が四季折々の表情を楽しめる。曲がり角の途中で見て楽しむ植栽には、樹形のきれいなアオダモ、ジューンベリー、ブルーベリーなどがお勧め。アプローチが建物に近接しており植栽スペースの確保が難しい場合は、オオデマリなどの低木を植えるのもよい。隣家の窓など曲がり角の先を目隠ししたい場合は、成長の緩やかな常緑ヤマボウシや、成長は早いが樹形を整えやすいカシノキが好適だ

植栽間をすり抜けるアプローチ

高木（奥）　玄関扉　高木（手前）

アプローチ

距離が短くても、両脇に植栽して小径を湾曲させれば、雰囲気のあるアプローチに。高木を互い違いに植え、奥行き感を出すとよい

玄関前は目隠しして視線をかわす

道路　常緑樹　玄関

玄関と道路の間にルーバーや植栽を設け、玄関扉開放時の室内への視線を遮るとよい。植栽には常緑樹で形を調整しやすいものが好適

軒はマルチに使えるように広く

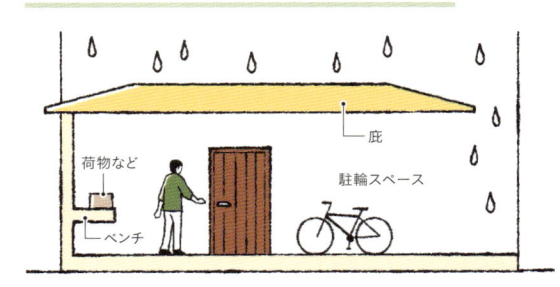

庇

荷物など

ベンチ　駐輪スペース

玄関の庇や軒下の空間を広く確保しておくと、なにかと便利。駐輪スペースや、ベンチを設けた置き配スペースとしても使える

温かみを感じる素材を採用

外壁：
板張り

外壁：
左官仕上げ

三和土など

玄関は人を迎え入れる場所。温かみのある素材を積極的に採用したい。床は三和土［29頁］や土コンクリート［34頁］、外壁は板張りで仕上げるのがお勧め

植栽帯 で囲う

道路近くに玄関を配置する場合、最短距離のアプローチにすると玄関廻りが開けすぎ、無防備に感じられる。植栽帯で玄関廻りを囲えば、外部からの視線を穏やかに遮り、アプローチに緑の彩りを添えられる。

アプローチ廻りの目隠しを兼ねて敷地の角部に回した植栽帯が、ファサードに豊かな表情をもたらしている。インターホンを設けた門柱は、来客の利便性を考慮してアプローチ始点の道路側に設置

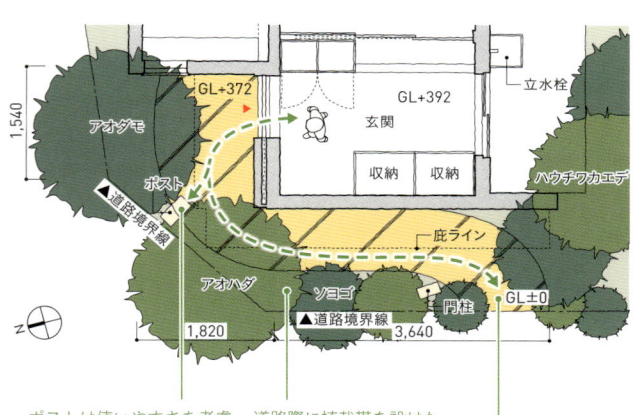

平面図[S＝1：100]

ポストは使いやすさを考慮し、差入れ口を道路側に向け、玄関付近に設置した

道路際に植栽帯を設けた。建物と植栽帯の間を縫うように玄関へアクセスすると、魅力的かつ安心感のあるアプローチに

スロープの勾配は車椅子使用者が自力で昇降できる1／15が理想的。距離が足りない場合でも、1／10〜1／12程度は確保したい［46頁］。スロープの片側に手摺を設けるとより安心

秋に赤い実を付けるシンボルツリー

アオハダ

モチノキ科の落葉広葉樹（高さ10〜15m）。花期は5月〜6月。日当りと水はけのよい場所に植えるとよい。雌雄異株で、実を楽しむためには雌の木を植える必要がある

解説：島田貴史「kotaハウス」所在地：東京都、建物設計：しまだ設計室、造園：ワイルドグリーン、建物写真：西川公朗

曲がり角を設けて視線を切り替える

距離の短いアプローチでも、高低差と視線の切り替わりを利用すれば、変化に富んだ豊かなアプローチをつくり出すことが可能だ。

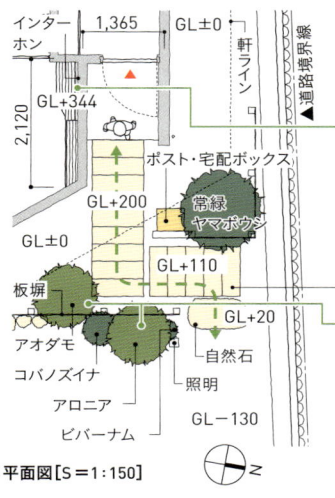

近所付き合いの多さを考慮するなら、玄関扉の前にインターホンを設置したい。軒下空間を確保し、来訪者が雨に濡れないよう配慮する。対して、ポストはアプローチ入口付近の板塀後ろに設置して、出し入れの利便性とプライバシーに配慮した［48頁］

植栽を板塀の手前と奥の両方に配置すれば、コンパクトな門廻りでも奥行きを感じられる

平面図［S＝1：150］

インターホン
1,365
GL±0
軒ライン
道路境界線
GL+344
2,120
ポスト・宅配ボックス
GL+200
常緑ヤマボウシ
GL±0
GL+110
板塀
コンクリート平板⑦30 300×850
アオダモ
GL+20
コバノズイナ
自然石
アロニア
照明
ビバーナム
GL−130
N

枝葉が少なく、
繊細なシルエットをもつ
アロニア

バラ科の落葉広葉樹（高さ1〜3m）。花期は4月〜5月。病害虫に強い一方、乾燥には弱い。風の強い場所や西日が当たる場所は避けて植えるとよい

自然石

板塀の高さを変えて位置をずらし、変化のあるファサードに。板塀の足元には目隠しとして自然石をランダムに並べ、アクセントとしている

来訪者を招き入れるアプローチは、変化に富んだ楽しいものにしたい。玄関までのアプローチに庭を引き入れれば、四季折々の植栽を楽しめる豊かな小径（こみち）となる。

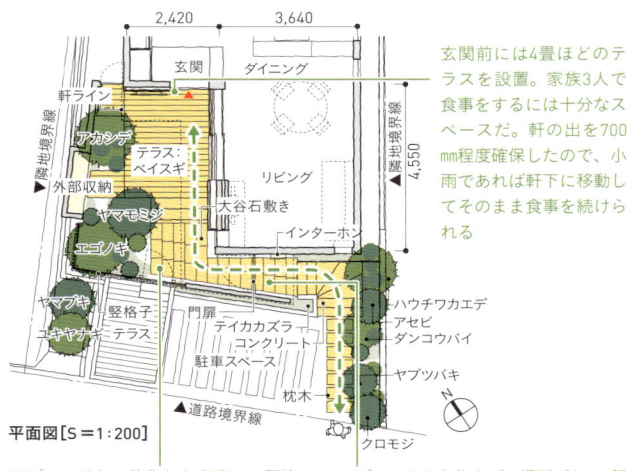

平面図[S＝1：200]

図中ラベル：
- 2,420 / 3,640
- 玄関
- ダイニング
- 軒ライン
- アカシデ
- テラス：ベイスギ
- 外部収納
- リビング
- 大谷石敷き
- ヤマモミジ
- エゴノキ
- インターホン
- ヤブキ
- 竪格子
- 門扉
- ユキヤナギ＝テラス
- テイカカズラ
- コンクリート
- 駐車スペース
- 枕木
- 隣地境界線
- 4,550
- ハウチワカエデ
- アセビ
- ダンコウバイ
- ヤブツバキ
- ▲道路境界線
- クロモジ
- N

玄関前には4畳ほどのテラスを設置。家族3人で食事をするには十分なスペースだ。軒の出を700mm程度確保したので、小雨であれば軒下に移動してそのまま食事を続けられる

アプローチと一体化した中庭は、竪格子や植栽、壁で囲ってプライバシーを確保。周囲からの視線が遮断されることで、カーテンも不要となる。リビング・ダイニングと中庭を一体で使えるので、室内が広く感じられる

アプローチの床仕上げは場所ごとに4種の素材（枕木、コンクリート、大谷石、ベイスギ）を使い分けた。それに加え、折れながら進み、各所に多様な植栽を配置しているため、場所ごとの変化を楽しめる

玄関

インターホン / 門扉 / ポスト / テイカカズラ / 大谷石 / コンクリート

アプローチの途中に門扉を設け、インターホンとポストを設置。中庭まで入れる必要のない来訪者はここで応対し、プライバシーを確保している

雪が降り積もったような無数の白花
ユキヤナギ

バラ科の落葉広葉樹（高さ1〜2m）。花期は2月〜4月。植え付けは2月〜3月で、日当りがよく風通しのよい場所を好む。成長が早いため、適度な剪定が必要

解説：新井崇文「荏田町の家」所在地：神奈川県、設計：新井アトリエ＋しまだ設計室、建物写真：新井崇文

緑豊かな中庭を
アプローチとする

リビング

外部収納

テラス（ベイスギ）

ここでは、目隠し用の壁の一部を奥行き400㎜、幅1,700㎜、高さ1,300㎜程度の外部収納にし、アウトドア用品や宅配サービスの箱などをしまっている。外で使うモノはなにかと多いので、玄関付近に外部収納を設けておくと便利

アプローチを湾曲 させて距離を稼ぐ

玄関前に最小限の空間しかなくても、アプローチを湾曲させて距離を確保すれば、植栽を楽しめる豊かなアプローチとなる。

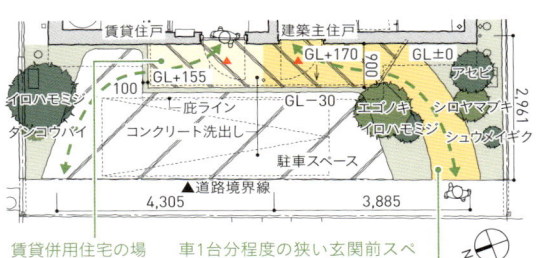

賃貸住戸　建築主住戸　GL+170　GL±0
GL+155　100　アセビ
庇ライン　GL−30　エゴノキ　シロヤマブキ
コンクリート洗出し　イロハモミジ　シュウメイギク
駐車スペース
イロハモミジ
ダンコウバイ
▲道路境界線
4,305　3,885
2,961　900

平面図
[S＝1：150]

賃貸併用住宅の場合は、建築主住戸と賃貸住戸へのアプローチを分ける

車1台分程度の狭い玄関前スペース。道路からの直線的なアクセスとせず、角度をつけてポーチ脇へつながるアプローチを設けることで、短いながらも植栽を楽しめるアプローチとなる

春に清楚な
白い花を咲かせる
シロヤマブキ

バラ科の落葉広葉樹（高さ1〜2m）。花期は4月〜5月。明るめの日陰と適度な湿度を好む。挿し木や実生での繁殖が容易。なお、山吹色の語源である「ヤマブキ」とは別属

エゴノキ

都市部では玄関廻りのスペースに限りがあるため、茂りすぎた植栽はアプローチ通行の妨げになることも。ここでは、エゴノキなどの高木の下枝は払い、アセビなどの中低木と組み合わせることで、通りやすさと緑の彩りを両立した

解説：赤沼修「ハタビヨリ」所在地：東京都、設計：赤沼修設計事務所、建物写真：吉田香代子

アプローチと内部をつなぐ「軒端(のきば)」を設ける

アプローチを含めた外部と内土間との間に、「軒端スペース」(外土間)を設けるのも一手。軽作業や子どもの遊び場などの実用に便利なだけでなく、内と外とのつながりが空間の広がりも生む。

株立ちのヤマモミジをアプローチの両脇に植え、目線の高さに葉が広がるようにしている

ヤマモミジ
門柱
駐車スペース
アプローチ

赤・オレンジ・黄色の紅葉が楽しめる

ヤマモミジ

ムクロジ科の落葉広葉樹(高さ5〜10m)。花期は4月〜5月で、紅葉は10月〜11月。日本海側に多く自生する。葉はイロハモミジより大きく、オオモミジより小さい

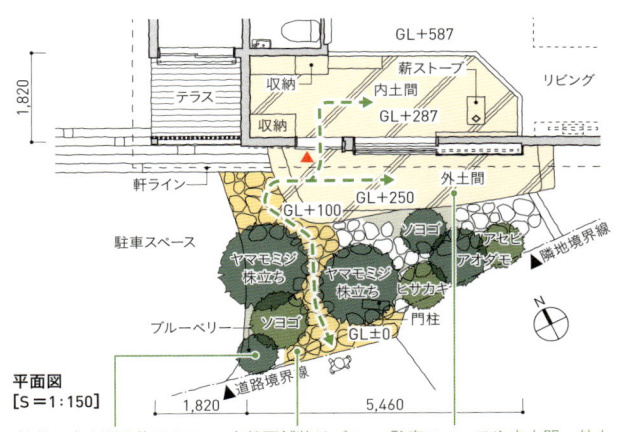

平面図
[S＝1:150]

1,820

GL+587
薪ストーブ
収納
内土間
リビング
収納
GL+287
テラス
軒ライン
外土間
GL+250
GL+100
ソヨゴ
アセビ
アオダモ
隣地境界線
駐車スペース
ヤマモミジ
株立ち
ヤマモミジ
株立ち
ヒサカキ
ブルーベリー
ソヨゴ
門柱
GL±0
N
道路境界線
1,820
5,460

玄関
外土間
内土間

玄関を兼ねた奥行き1,820mmの内土間。大開口を設けて、アプローチを含めた外部を一体に感じられるようにした。仕上げは外土間との連続性を考慮してコンクリート洗出し仕上げとした

植栽の中を通り抜けるアプローチ。低木から高木まで、高密度にバランスよく植えると、道路からの視線を遮断し、軒端スペースを気兼ねなく使うことができる

自然石舗装はゴツゴツとしたラフなテクスチュアのものを使うと、自然な素朴さを感じられるアプローチとなる

駐車スペースや内土間、外土間は、使い勝手を考慮して表面の凹凸が少ないコンクリート洗出し仕上げに。階段の段鼻は丸く加工すれば、コンクリートの硬い印象がやわらぎ、自然素材になじむ

解説:島田貴史「のきばハウス」所在地:東京都、建物写真:島田貴史、建物設計:しまだ設計室、造園:ワイルドグリーン

アプローチを演出して
表情豊かなファサードをつくる

短いアプローチでも、形状や舗装の素材に変化をもたせることで魅力は増す。加えて、アプローチと駐車スペースの間や、隣地境界付近に植栽を施すことで、緑に包まれた表情豊かなファサードになる。

アプローチはカーブを描くように設け、その両側を植栽した。植物の間を通り抜ける楽しさに加え、植栽が見える面が増えることで緑豊かなファサードを演出できる

風情のある 赤い実を付ける
ウメモドキ

モチノキ科の落葉広葉樹（高さ2〜5m）。花期は6月。幹は株立ち状になることが多い。葉を落とした後も赤い実を鈴なりに付け、秋〜冬にかけて長く楽しめる

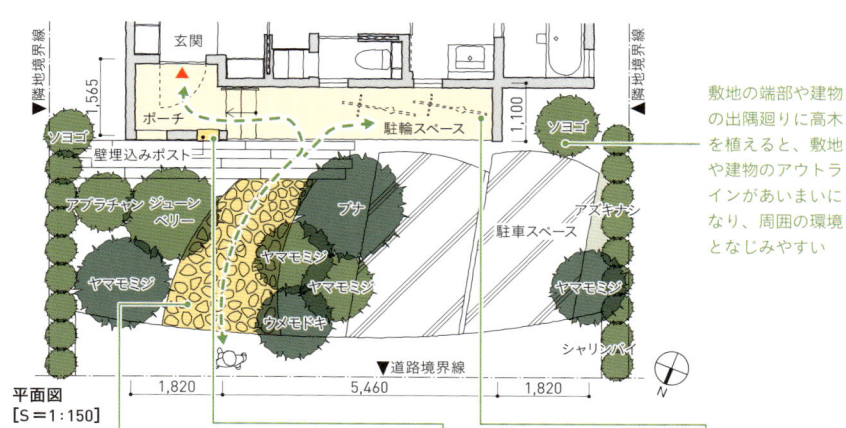

平面図 [S＝1：150]

敷地の端部や建物の出隅廻りに高木を植えると、敷地や建物のアウトラインがあいまいになり、周囲の環境となじみやすい

駐車スペースはシンプルなコンクリート洗出し仕上げ。対照的に、アプローチは表情豊かな自然石舗装とした。自然石舗装はコストがかかるため、ポイントを絞って採用する。石の種類によって差があるが、ここでは5万円／㎡程度。なお、コンクリート洗出し仕上げは2万円／㎡程度

袖壁を回し、通行人の視線から玄関をガード。袖壁にインターホンやポストを設置すれば、来訪者・建築主双方の利便性を確保できる

自転車は屋根のある場所に置きたいが、既製品のサイクルポートは木の外壁と意匠的になじまない場合も。軒下空間をさりげなく拡張し、屋根付きの駐輪スペースを確保するとよい

解説：島田貴史「grunハウス」所在地：埼玉県、建物写真：西川公朗、建物設計：しまだ設計室、造園：ワイルドグリーン

スロープを併設して利便性とバリアフリーに配慮する

玄関廻りは基礎の高さの関係で、敷地が平坦でも段差ができてしまう。高齢者や車椅子使用者の居住が想定される場合は、アプローチにスロープを併設しておきたい。二世帯住宅などでは、最短距離で玄関にアクセスできる階段と、植栽に囲まれたスロープの両方を設けるなど、バリアフリーに配慮するとよい。

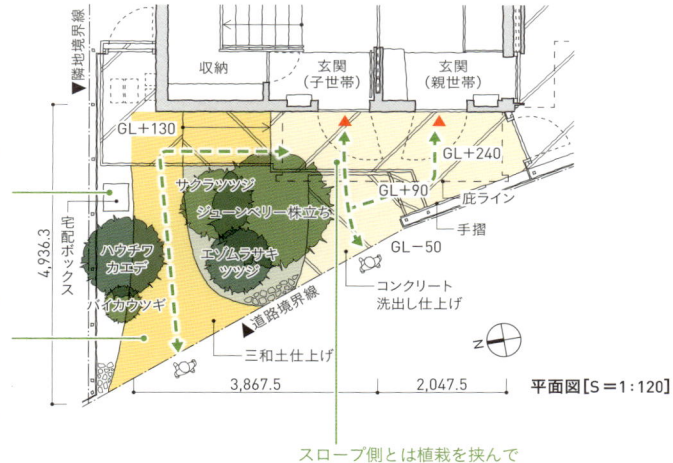

スロープの途中、植栽帯の最奥に宅配ボックスを設置。目立たないようにしている

スロープは植栽帯を回るように配置して長さを確保し、勾配を1／15〜1／20とすれば、車椅子使用者が自力で昇降できる。三和土仕上げによる舗装は凹凸を抑え、つまずかないよう配慮した

スロープ側とは植栽を挟んで仕上げを変えれば、変化のあるアプローチとなる

平面図[S＝1：120]

収納　玄関（子世帯）　玄関（親世帯）
GL＋130
GL＋240
GL＋90
庇ライン
GL−50
手摺
サクラツツジ
ジューンベリー株立ち
ハウチワカエデ
エゾムラサキツツジ
バイカウツギ
宅配ボックス
コンクリート洗出し仕上げ
三和土仕上げ
隣地境界線
道路境界線
4,936.3
3,867.5　2,047.5

宅配ボックス
スロープ（三和土仕上げ）
階段（コンクリート洗出し仕上げ）

階段は軽やかに見せるため、蹴込みを50mmへこませている。なお、駐車スペースや階段の施工は、建築工事と一緒に行うとコストを抑えることができる。造園工事の範囲が未確定でも、見積りに工事費を計上しておこう

北海道で最も早く咲くツツジ
エゾムラサキツツジ

ツツジ科の落葉（半落葉）広葉樹（高さ1〜2m）。花期は4月〜5月で、赤紫色の花を付ける。北東アジア原産で、日本では北海道の山地の岩場に自生

解説：赤沼修「井の頭の家」所在地：東京都、建物写真：吉田香代子、設計：赤沼修設計事務所

斜面に石庭をつくり、敷地全体を「庭」にする

前面道路と敷地に高低差がある場合、擁壁を設けると、両者の関係が分断されてしまう。そこで、勾配のある石庭を設けて、道路と建物を緩やかにつなぐのも一手。敷地の地中の石を利用すれば、周辺環境にもよくなじむ庭となる。

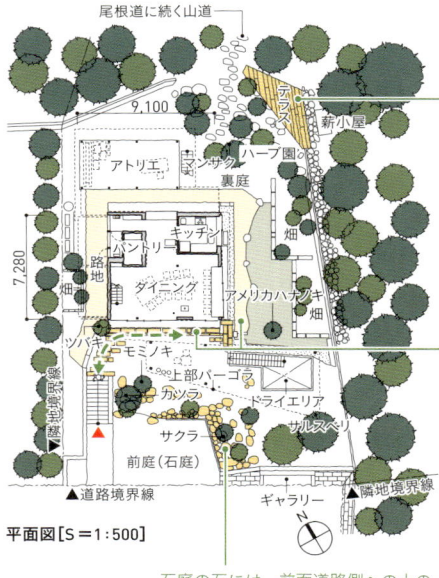

尾根道に続く山道

9,100

7,280

新小屋

アトリエ　マンサク　ハーブ園

裏庭

畑

パントリー　キッチン

路地　ダイニング

アメリカハナノキ

畑

ツバキ　モミノキ

上部パーゴラ

カツラ

ドライエリア

サクラ　サルスベリ

前庭（石庭）

ギャラリー

▲道路境界線　　▲隣地境界線

N

平面図[S＝1:500]

山へと続く裏庭にテラスを設けると、森のなかで息づくような外部空間が楽しめる

メインアプローチは大谷石。建物周囲の路地は三和土にして大谷石と雰囲気を変えることで、来訪者に玄関への動線とは異なることを伝えている

石庭の石には、前面道路側への土の流出を抑える役目がある

ミソハギ科の落葉広葉樹（高さ3〜10m）。花期は7月〜10月。南国の雰囲気を醸し、日当りがよい場所で育つ陽樹。寒冷地に植える場合は防寒対策が必要

前面道路から建物を見る。石庭の石は地中にあった石を再利用

既存の擁壁を壊し、地中の石を利用して勾配のある石庭を作庭。周囲の森と一体感のある印象とした

解説：藤原徹平「稲村の森の家」所在地：神奈川県、左下建物写真：ナカサアンドパートナーズ、右下施工写真：フジワラテッペイアーキテクツラボ、建物設計：フジワラテッペイアーキテクツラボ、造園：大庭園設計室

気分を切り替える場を設ける

アプローチを狭く絞ることで、①帰宅時や外出時に気分を切り替える、②進む先を予感させる、③高揚感を煽る、といった効果が得られる。

訪問者を招き入れるよう、外部から見える位置に植栽を配置

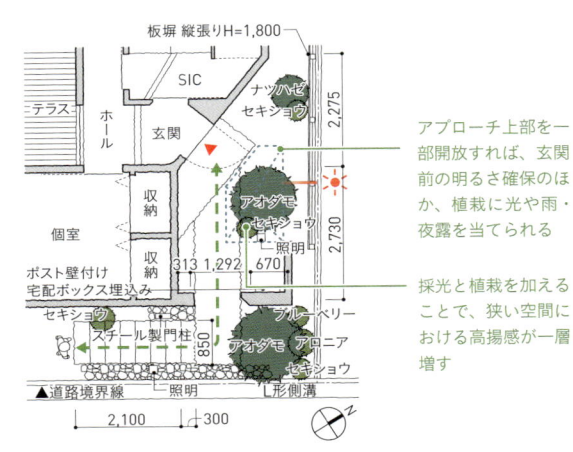

平面図[S＝1：150]

アプローチ上部を一部開放すれば、玄関前の明るさ確保のほか、植栽に光や雨・夜露を当てられる

採光と植栽を加えることで、狭い空間における高揚感が一層増す

優雅な線状の葉を持つ多年草
セキショウ

ショウブ科の常緑多年草（高さ0.2〜0.3m）。湿気があれば日向でも日陰でも育つ。根を横に広げて成長するため、グラウンドカバーにも適している

解説：伊瀬和裕「加茂の家」所在地：広島県、建物写真：貝出翔太郎、設計：テトラワークス

素材感と段差で奥行き感を演出

あえて低くつくった軒・外壁に沿わせてアプローチを設けることで囲われた安心感が生まれる。また、アプローチ床の色や素材感を強調し段差を設ければ、奥行き感が増す。

ポストと宅配ボックスは使い勝手上、雨掛かりとならない軒下の玄関に近い位置に設置

アプローチ脇に開放的な庭を設けることで、閉塞感は軽減できる

ポスト＋宅配ボックス
玄関
2,865
モルタル金鏝押さえ
1,775
コンクリート平板
照明
300
駐車スペース
外部収納
5,460
シャリンバイ
ソヨゴ
ナツハゼ
ヤマツツジ
アオダモ
シャリンバイ
ナンテン
バラス
ハクサンボク
850
ヤマツツジ
アオダモ
照明
割栗石敷込み
軒ライン
スチール製門柱
W180×D100×H1,500
ヤマツツジ
ハクサンボク
N

平面図
[S＝1：100]
▲道路境界線
コンクリートブロック2段＋板塀H＝1,000
1,365
2,730

アプローチを目立たせるため、濃いグレーのバラス（道路や線路などに敷く砂利。バラストともいう）の上に白いコンクリート平板を設置。軒高は約2,750mmに抑え、囲われた印象としている

「山照らし」の異名をもつ艶やかな葉
ハクサンボク

レンプクソウ科の常緑広葉樹（高さ2〜6m）。花期は3月〜5月。日当りが良く、湿気のあるところを好む。直径15cmの光沢のある葉が特徴的

解説：伊瀬和裕「加茂の家」所在地：広島県、建物写真：貝出翔太郎、設計：テトラワークス

「竿」に屋外階段を設け、立体的に庭を扱う

狭小な旗竿敷地は、「竿」の部分も建物の一部としてフルに活用したい。その場合、「庭」は立体的に考え、屋上も活用するとよい。令和2年の法改正による規制緩和で、竿部分に屋外階段を設けることが可能となった。敷地内通路の幅員は1,500mm以上だが、階数が3以下で延べ面積が200㎡未満の建築物の敷地内では900mm以上とすることができる。

左：敷地竿部分の屋上。軽量土壌マットによる屋上庭園とした　右：屋上にあるヒノキの露天風呂は、塗膜防水の上に浴槽を設置。排水は防水層の上に排水管を通して、外壁沿いに落としている

竿の部分の間口は2m。屋外階段の設置は、令和2年の法改正による規制緩和（令128条）によって実現した

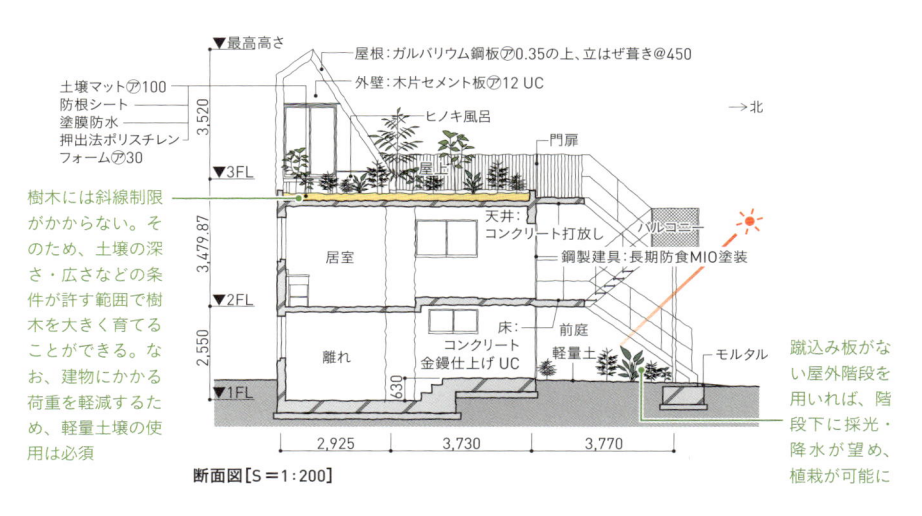

▼最高高さ

屋根：ガルバリウム鋼板⑦0.35の上、立はぜ葺き@450

外壁：木片セメント板⑦12 UC

土壌マット⑦100
防根シート
塗膜防水
押出法ポリスチレンフォーム⑦30

3,520

ヒノキ風呂

門扉

→北

▼3FL

3,479.87

樹木には斜線制限がかからない。そのため、土壌の深さ・広さなどの条件が許す範囲で樹木を大きく育てることができる。なお、建物にかかる荷重を軽減するため、軽量土壌の使用は必須

居室

天井：コンクリート打放し

鋼製建具：長期防食MIO塗装

バルコニー

▼2FL

2,550

離れ

床：コンクリート金鏝仕上げ UC

前庭

軽量土

モルタル

630

▼1FL

2,925　3,730　3,770

蹴込み板がない屋外階段を用いれば、階段下に採光・降水が望め、植栽が可能に

断面図[S＝1：200]

　解説：SALHAUS「中目の旗竿」所在地：東京都、建物写真：矢野紀行、建物設計：SALHAUS、造園：ボスケ

「竿」の狭さを利用して印象的なアプローチにする

前面道路から玄関までの遠さが嫌われ、忌避されがちな旗竿敷地。だが、その「竿」の両脇に樹木や草を配して散策路をつくれば、竿部分の狭さや距離を生かした、魅力的なアプローチとなる。

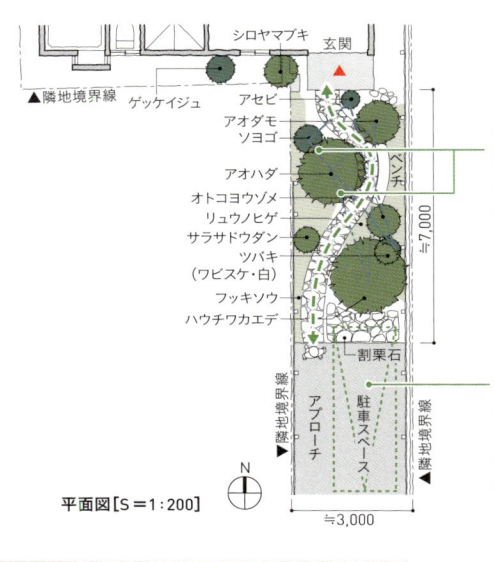

平面図[S＝1:200]

シロヤマブキ
玄関
▲隣地境界線　ゲッケイジュ
アセビ
アオダモ
ソヨゴ
ベンチ
アオハダ
オトコヨウゾメ
リュウノヒゲ
サラサドウダン
ツバキ
（ワビスケ・白）
フッキソウ
ハウチワカエデ
割栗石
≒7,000
▲隣地境界線
アプローチ
駐車スペース
▲隣地境界線
N
≒3,000

メインとなる高木3本（ここではアオダモ、アオハダ、ハウチワカエデ）、常緑樹3本（ここではアセビ、ソヨゴ、ツバキ）をアプローチの両脇から互い違いに、不等辺三角形になるように植えると庭の奥行き感が増す

「竿」部分に駐車する場合、乗降も考慮すると、通常、その幅員は2.5m程度以上必要になる。幅員が2.5mより狭い場合は、駐車スペースを諦めて、アプローチ空間として活用したい

冬でも葉の色艶を保つ繁栄の象徴
フッキソウ

ツゲ科の多年草（高さ0.3m）。刈り込みの手間がかからず、耐寒性もある。草丈が低いことからグラウンドカバーや日陰の植栽に使われる

玄関から敷地の「竿」部分を見る。隣家との境界には板塀を設置。スリットを設けて通風を確保している。アプローチの途中にベンチを置くことで、通過するだけでなく、その空間に滞留して楽しむことも可能

敷地の「竿」部分から玄関を見る。割栗石を敷き詰めたアプローチはS字に曲げ、散策する雰囲気に。アプローチ両脇のフッキソウ [165頁] やリュウノヒゲなどの草を、アプローチの輪郭線を覆うように植えて、自然な印象を深めている

園路 の 基本形状

庭や公園のなかに敷かれる道を「園路」と呼ぶこともある。建物へのアクセスのほか、庭（園）内の各地点を結ぶ通路として計画される園路は、景色の移ろいを感じられるリフレッシュの場ともなる。舗道、延段［※1］、飛石などの種類がある。

舗　道

直線形が最も機能的で施工性もよいが、単純で面白味に欠けるきらいがある。雁行形では歩行途中で視線方向が変わる楽しみがある。また曲線形は直線よりデザイン性が高く、やわらかい印象を与える

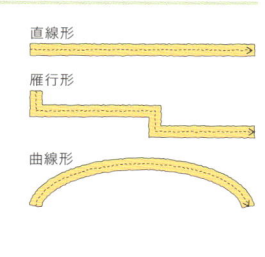

直線形
雁行形
曲線形

延　段

延段は大きく真・行・草の3つに分かれる。真の延段は、切石敷きなど大小の板石を並べてつくる最も整形的な形式。草の延段は、玉石敷きなど主に玉石などの小ぶりな自然石を用い、不整形で最もくだけた雰囲気の形式。行の延段は、寄石敷きなど切石と玉石の組み合わせでつくられる、真と草の中間的な形式である

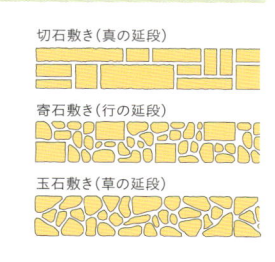

切石敷き（真の延段）
寄石敷き（行の延段）
玉石敷き（草の延段）

飛　石

歩行に適した形状の自然石や加工石を、適当な間隔を空けて地面に固定したもの。庭の景色をつくることに重きが置かれている。飛石の間隔は、一般的には360〜390㎜、地面からの高さは30〜60㎜。千鳥掛けは1石ずつ左右交互に石を打ったもの。大曲りは大きく自然な曲線を描いたもの。筏打ちは長方形の切石を飛石のなかに混ぜて打ったものである

＊1

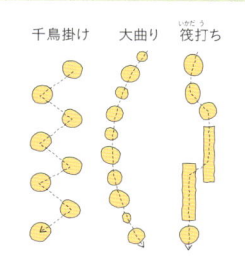

千鳥掛け　　大曲り　　筏打ち

アプローチの主な舗装種類

玄関アプローチは、外部（パブリック）と家（プライベート）との意識を切り替える場。アプローチの舗装材は庭の雰囲気に合ったものを選ぶとよい。また、日常的に用いられる場なので、水はけや滑りにくさにも配慮したい。

洗出し

種石とセメントを混練して下地モルタル面に塗り付け、硬化直前に表面を水洗いして種石を露出させたもの。三和土より硬質な印象となる

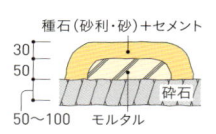

種石（砂利・砂）＋セメント
30
50
砕石
50〜100　モルタル

三和土

真砂土［※3］や深草砂利などの土・山砂に、石灰とにがりを混ぜて叩き固めたもの［※4］。仕上げに化粧砂利などを散らし、自然な土の質感を表現できる

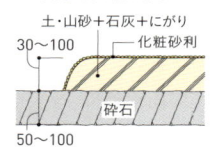

土・山砂＋石灰＋にがり
30〜100　化粧砂利
砕石
50〜100

石

和風なら御影石、洋風であれば花崗岩、石英石、大谷石などがある。趣があり割れにくいが、駐車スペースでは耐荷重のため厚みを増すなど対策が必要

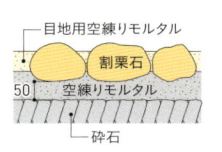

目地用空練りモルタル
割栗石
50　空練りモルタル
砕石

枕木

枕木とは鉄道の線路の下に敷き並べる角材のこと。造園では枕木のような雰囲気の角材を指す。耐荷重性があるので、駐車スペースなどの使用に好適

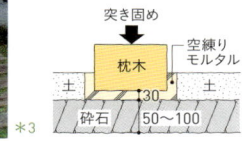

突き固め
枕木
空練りモルタル
土　土
30
砕石　50〜100
＊3

インターロッキングブロック

コンクリート製の透水性のあるブロックをかみ合わせて並べたもの。水はけがよく、滑りにくく、強度がある［※2］

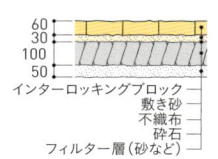

60
30
100
50
インターロッキングブロック
敷砂
不織布
砕石
フィルター層（砂など）

レンガ

粘土に砂・石灰を加えて練り固め、型に入れて窯で焼いたもの。滑りにくく吸水性がある。摩耗しやすく、衝撃に弱いが、経年変化が楽しめる［※5］

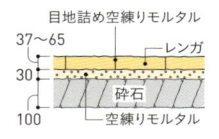

目地詰め空練りモルタル
37〜65　レンガ
30
砕石
100　空練りモルタル

コンクリート

砂利や砕石の上にコンクリートを流して固めたもの。防滑のため、洗出し仕上げなどにする。駐車スペースに用いる場合は耐荷重用に鉄筋を入れる

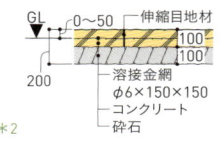

GL　0〜50　伸縮目地材
100
100
200
溶接金網
φ6×150×150
コンクリート
砕石
＊2

コンクリート平板

板状のコンクリート製品。飛石のように並べたり、敷き詰めたりして使用する。300×300×30mm、300×600×30mm、300×850×30mmなどがある

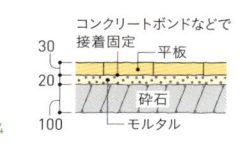

コンクリートボンドなどで接着固定
30　平板
20
砕石
100　モルタル
＊4

解説：栗田信三、写真提供：※1・2 平野和司、※3 吉田香代子、※4 貝出翔太郎、その他 栗田信三
※2 駐車スペースに用いる場合、下地の砕石の厚みを増す｜※3 花崗岩が風化し砂状になった土｜※4 石灰・にがりの代わりにセメントを用いたものが一般的｜※5 駐車スペースなど荷重がかかる場合、下地に厚さ100mm程度のコンクリートスラブが必要

植栽を建物に沿わせて建物の印象をやわらげる

道路に迫って建つRC造の建物は、重厚なだけに圧迫感を与えがちだ。道路と建物との間に植栽帯を設ければ奥行き感が得られ、建物の重厚感を軽減し、印象をやわらげることができる。

建物の足元に植栽を施すと、基礎と地面の境界線（直線）が隠れ、建物の硬質な印象がやわらぐ

万葉集にも登場する庭の名脇役

アセビ

ツツジ科の常緑広葉樹（高さ1〜9m）。花期は2月〜4月。木全体に毒があり病害虫に強い。一方、周辺ではほかの植物が育ちにくいため注意が必要

敷地のコーナー部や建物の角にも植栽を配置。敷地の境界や建物外壁の輪郭線（直線）が植栽で目立たなくなるため硬さがなくなり、周囲の環境に溶け込みやすくなる

平面図［S＝1:150］

ポーチの前に植栽を施すと、道路から玄関内部が丸見えにならず、安心感が得られる。また、外出の際に扉を開けると緑が視界に入る位置に植栽を施すとよい

木々の間をすり抜けるようなアプローチ。奥行き1m程度の植栽帯でもあるだけで、気持ちよく玄関へ向かうことができる

解説：島田貴史「空に月ハウス」所在地：東京都、建物写真：牛尾幹太、建物設計：しまだ設計室、造園：ワイルドグリーン

木板張りで親しみやすさを演出

外壁が左官仕上げの建物は、アプローチ部分に面する外壁は、木板張りにすると親しみやすい印象となる。その場合は、軒を出して木板が雨掛かりとなるのを防ぐとよい。

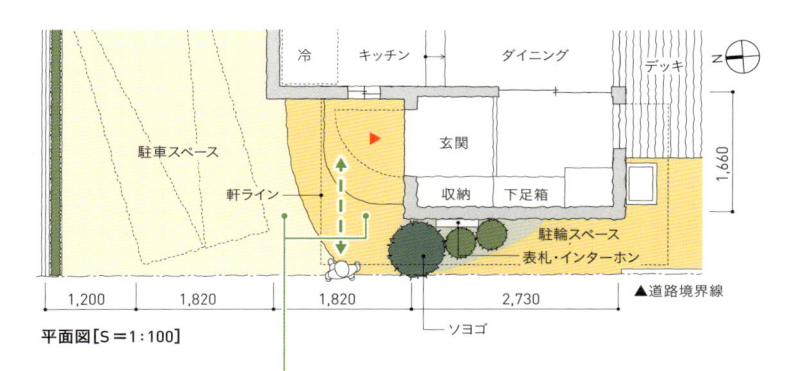

平面図[S＝1:100]

使い勝手のよさから、駐車スペースの床は土間コンクリート仕上げにするとよい。ここではアプローチ部分には温かみがあり、経年変化で味わいが増すコンクリート洗出し仕上げを採用した。コンクリート洗出し仕上げは曲線の造形をつくりやすく、植栽とのなじみがよい

庭を明るくするシンボルツリー　ソヨゴ

モチノキ科の常緑広葉樹（高さ3〜10m）。花期は6月〜7月。葉がまばらで色も明るく、庭の雰囲気が暗くならない。庭植えでは株立ちの人気が高い。雌雄異株のため、実を楽しむには雌株を指定する

外壁の木板張りを風雨や日射から守るために750㎜張り出した軒は、駐輪スペースとして利用

解説：島田貴史「かどにわハウス」所在地：東京都、建物写真：伊藤夕歩、建物設計：しまだ設計室、造園：ワイルドグリーン

外壁は街並みに なじむ素材を選ぶ

左官仕上げと板金は汎用性が高く、経年変化でより街並みになじむ。左官仕上げには手仕事のやさしさがあり、板金は木造躯体の振動や地震時の揺れの影響を受けにくい。

温かみのある木製玄関扉を使用。上部には出入りの際に雨掛かりとならないよう、庇を設置した

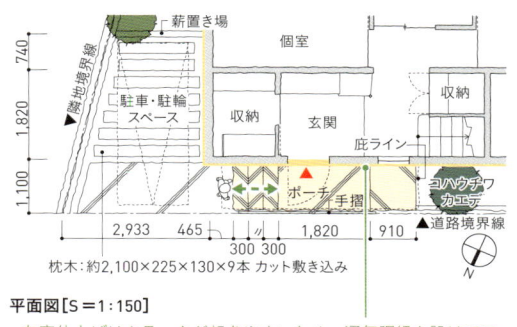

枕木：約2,100×225×130×9本 カット敷き込み

平面図[S＝1：150]

左官仕上げはクラックが起きやすいため、通気胴縁を設けてファイバーメッシュをすき込むなどの対策が必要。人の目に近い1階部分を左官仕上げに、躯体の振動や揺れが起きやすくメンテナンスもしにくい2〜3階部分を板金仕上げと、使い分けるのもよい

名月の時期に
落葉する広葉樹
コハウチワカエデ

ムクロジ科の落葉広葉樹（高さ10〜15m）。花期は5月〜6月。枝葉はイロハモミジよりまばら。乾燥地では維持が難しく、腐葉土などで保湿が必要

解説：赤沼修「碑文谷の家」所在地：東京都、建物写真：赤沼修、設計：赤沼修設計事務所

中庭を利用して
視線をかわす

道路と建物の離隔を確保しにくい狭小地では、玄関戸を開けた際に道路からの視線が気になるもの。その場合は、玄関を道路と正対させず、庭などに向けて振るとよい。中庭を設けることで、出入りの際のプライバシーと建物内部の開放感を両立できる。

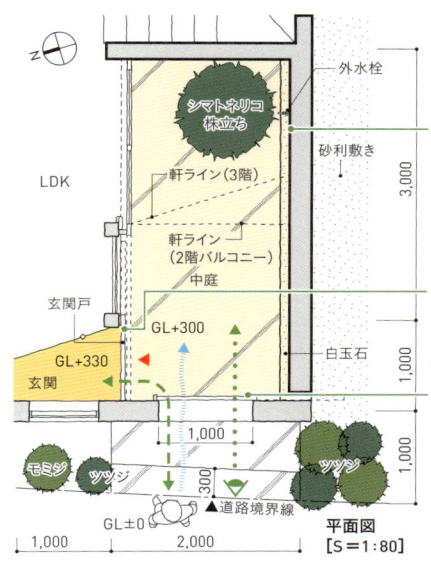

外水栓
シマトネリコ株立ち
砂利敷き
軒ライン（3階）
LDK
軒ライン（2階バルコニー）
中庭
玄関戸
GL+300
GL+330
玄関
白玉石
モミジ　ツツジ
ツツジ
GL±0　▲道路境界線
平面図［S＝1：80］

中庭の壁は外壁と同じく吹付け塗装仕上げ。中庭は外部と比べると少し暗くなる分、外壁よりやや明るい色にするとよい

玄関戸や居室の開口部は中庭に面するように配置。道路からの視線にさらされるのを避ける

風が抜けるよう、中庭に続く扉を格子の引戸に。開閉にスペースを要さないので道路境界線の近くにも採用でき、和の雰囲気にも合う

シマトネリコ株立ち
LDK
中庭

屋根（3階床）
開口
中庭

左：中庭の植栽は株立ちのシマトネリコ。常緑樹なので季節を問わず緑を楽しめる。葉も落ちにくいので、中庭の植栽として好適。シマトネリコは耐陰性の樹種ではないため、日光が終日当たらない場所への植栽はできない。ここでは上部に開口を設けて採光を確保した
上：2階居室から中庭を見る。中庭上部の吹抜けは、一部に屋根（3階床）があるが、外壁面に開口を設けることで、光、風、雨が適度に入るようにした

中桟(反り止め)

ルーバー

踏み石

土コンクリート

ルーバーで
視線を遮る

玄関が道路に正対してしまう場合は、高さがポーチの床から軒天井までの縦ルーバーで視線を遮るとよい。外観のアクセントにもなる。通風と見え方のバランスは、ルーバーの幅とピッチを現場で調整しながら決定するとよい。

土を混ぜて製作した土コンクリートを、階段や通路の踏み石として採用。手づくり感があり、ナチュラルな雰囲気に仕上がるため、木を基調とした玄関廻りとよくなじむ

来客が多いため、玄関戸には1.5m幅の大きな引戸を設置している

玄関前に目隠しとしてルーバーを設置。視線を遮りながら通風も確保でき、玄関引戸を開放すれば室内に風を呼び込むこともできる。引戸開放時は、施錠可能なプリーツ網戸を閉める

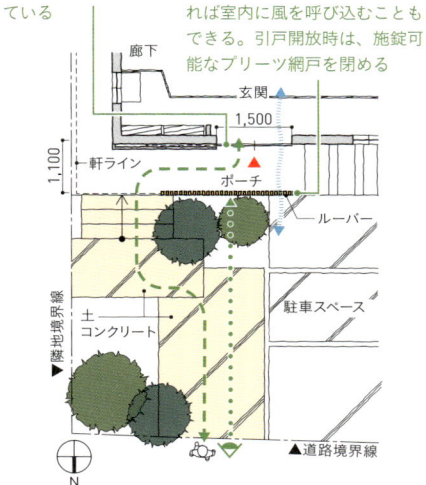

廊下

玄関
1,500

軒ライン
1,100

ポーチ

ルーバー

土コンクリート

駐車スペース

隣地境界線

N

道路境界線

平面図[S＝1:150]

ルーバーの取り付け下地として、120mm角の下地桟を軒先に入れて強度を保つ

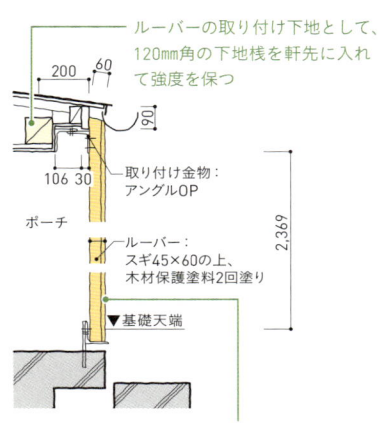

200　60

90

106　30

取り付け金物：アングルOP

ポーチ

ルーバー：スギ45×60の上、木材保護塗料2回塗り

基礎天端

2,369

ルーバーは45×60mmのスギ（赤身、木材保護塗料2回塗り）。短辺を正面に向け、同じ幅（45mm）の隙間を空けて配置する。適度な透け感を残すため、幅とピッチは現場で調整して決定した

ルーバー断面図[S＝1:30]

解説：中西義照　「音楽室のある家＃02」所在地：京都府、建物写真：中西義照、建物設計：FORMA、造園：eni

玄関前に 植栽スペースを 設ける

道路からの視線を遮るには、枝が広がりやすい樹種を玄関と道路との間に植える方法もある。ここでは、玄関前に植栽スペースを設け、成長とともに枝が広がる高木を植えた。さらに、敷地と道路面の高低差（800㎜）と、斜めに振ったビルトインガレージも利用し、道路からの視線を自然にかわしている。

ポーチ、玄関土間はコンクリート磨き仕上げ。
表面の凹凸が少ないので掃除がしやすい

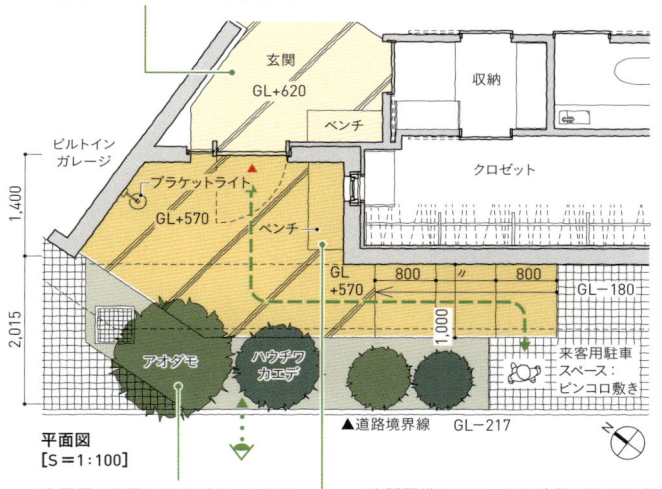

平面図
[S＝1：100]

外壁と駐車スペースの間に隙間を設けて緑化することで、ファサードにメリハリをつけている

玄関扉の正面にアオダモ、ハウチワカエデを植え、道路側からの視線をさりげなく遮っている

玄関扉横のスペースに余裕があるときは、荷物を手にして出入りする際に便利なベンチ［37頁］を設けたい

ポーチ・階段部は段板を浮かせて軽やかに見せている。玄関廻りの仕上げは、外壁はスギ板型枠コンクリート打放し、軒天井はラワン縁甲板張り、玄関扉は木製とした。人を迎え入れる場所なので、温かみのある素材を使用している

紅葉の見応えがある 大きな葉
ハウチワカエデ

ムクロジ科の落葉広葉樹（高さ10〜15m）。花期は4月〜6月。日本のモミジのなかで葉がもっとも大きい。葉焼けの原因になるため、日差しが強い場所はNG

解説：八島正年・八島夕子「鎌倉寺分の家」所在地：神奈川県、建物写真：川辺明伸、建物設計：八島建築設計事務所、造園：草花屋 苔丸

外壁をへこませて
視線を遮る

都市部などでは、玄関と道路がどうしても正対してしまう場合がある。そんなケースでは、玄関部分をニッチ状にへこませるとよい。建築面積を最大限確保しながら、外壁を袖壁状の形状とすることで建物側面からの視線をかわすことができる。

玄関部分をニッチ状にセットバックさせることで庇が不要になり、敷地を最大限に使うことができる。庇がないことで、ファサードもすっきりする

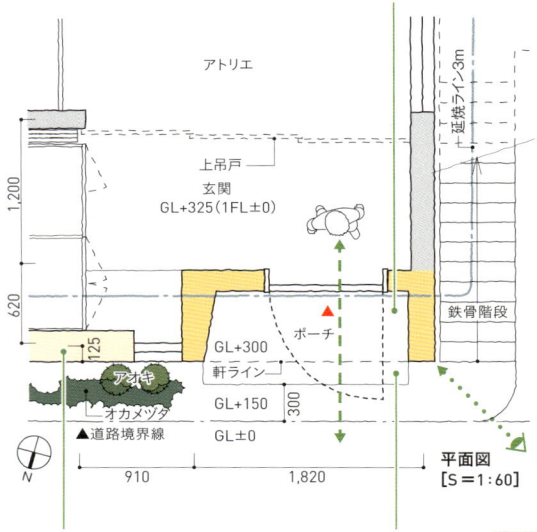

アトリエ

延焼ライン3m

上吊戸
玄関
GL+325（1FL±0）

1,200

620

125

アオキ

オカメヅタ

▲道路境界線

N

ポーチ

軒ライン

GL+300
GL+150
GL±0

300

鉄骨階段

910　　1,820

平面図
[S＝1：60]

洋風住宅には
斑入りの園芸品種を
アオキ

アオキ科の常緑広葉樹（高さ1〜3m）。花期は3月〜5月。日陰に強い極陰樹の1つで、家の北側など環境の悪い場所でも育つ

ファサードをすっきり見せるには、内樋にするという手法も。一方で雨漏りの危険性も高まるため、躯体内に雨水が浸入しないよう、道路面の外壁を125mm程度ふかして躯体の外に内樋がくるようにするとよい

ポーチは、明るい色のタイル張りだと段差を視認しやすい。粗面タイルとし、雨の日にも滑りにくいように配慮する

ベイスギ（防火仕様）
縦羽目板張り

水切

アオキ

オカメヅタ

玄関廻りは人目に最も触れるため、やわらかさや温かみを感じられる自然素材を積極的に用いたい。ここでは、耐水性に優れたベイスギにクリア塗装を施して耐候性を向上させ、縦羽目板張りとした。セットバックにより雨掛かりを軽減できるため、木の劣化を最小限に抑えられる。また、玄関扉の素材も外壁と同じくベイスギ。セットバックにより延焼ラインをかわし、防火設備の規制を避けることで木製建具の採用を可能にしている

玄関横にベンチを設置する

荷物を持って出入りする際は、玄関横にベンチがあると重宝する。たとえば、玄関扉横に片持ちのベンチを躯体から張り出して設ければ、すっきりとした玄関廻りに。屋根付きであれば、さらに利便性が高まる。

まだら模様の幹が庭のシンボルに
ナツツバキ

ツバキ科の落葉広葉樹（高さ8〜15m）。花期は6月〜7月。まだら模様の樹皮に風情がある。自然樹形を楽しむ木であり、剪定は最低限に抑えるとよい。西日と乾燥を嫌う

打放し仕上げ

スギ板型枠打放し仕上げ

ベンチ

目地

化粧砂利洗出し仕上げ

外壁は打放し仕上げだが、玄関廻りのみスギ板型枠で模様をつけた。木のやわらかい表情がアクセントとなっている。駐車スペースは化粧砂利洗出し仕上げ。誘発目地は玄関扉や袖壁の位置に合わせて割り付けている

ベンチ上にはブラケットライトを設置。人がいるべき場所を照らすことで、打放し仕上げの外壁でも無機質にならない

RC造の躯体に合わせ、コンクリートで片持ちのベンチを製作。扉の開く向きにベンチを設けると、ベンチに荷物を置いて鍵を開けて中に入るまでの動作がスムーズになる

ベンチの座面高さは450mm。靴を履いていることを考慮し、ダイニングチェアなどよりも少し高めに設定する

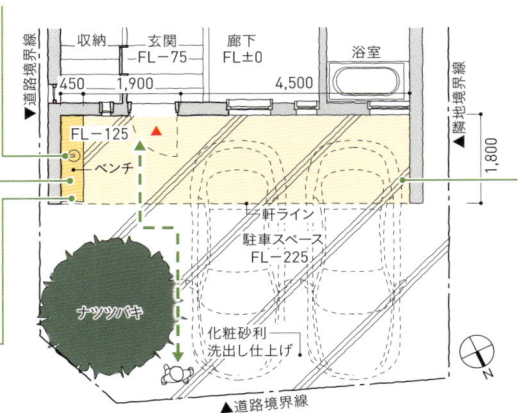

2階部分を1.8m張り出している。駐車スペース上にも軒が架かることで、雨天でも荷物を出し入れしやすい

平面図[S＝1：150]

解説：八島正年・八島夕子「武蔵野の家」所在地：東京都、建物写真：鈴木研一、設計：八島建築設計事務所

玄関を
人が集う場所にする

土足のまま使用できる玄関を人が集まれる場所にすれば、来訪者は気兼ねなく立ち寄れる。たとえば、玄関を兼ねた通り土間を広めに確保すれば、出入りだけではなく、LDKの延長として楽しく使うことができる。

四季の変化を楽しめる多彩な樹種を選び、植栽している。植栽選定の際は、建築主の要望を取り入れつつも、樹種をあまり限定せず、その時々に入手できる樹形のよいものや、植える場所の環境に合うものを選ぶ

スイカズラ科の半常緑ツル植物（高さ5〜6m）。花期は5月〜9月。開花後、花の内側が白からオレンジへ次第に変化する。一株あると、庭の印象が明るくなる

玄関土間を6畳程度と広めに設け、来訪者への対応のほか、薪ストーブを囲んでの食事などを楽しめるようにした

床には厚さ30mm、縦横900×300mmの深岩石［※］を眠り目地として張った。コストは材工で40,000〜45,000円／㎡程度（下地土間コンクリート別途）

玄関の石張りは庭側にも張り伸ばしている。段差を30mm程度に抑えているため、引込み戸を開放すると庭とつながる半屋内空間となる

庭側の引戸はガラス戸＋格子戸なので、庭を見渡せる。格子戸のみにすれば風を取り込める

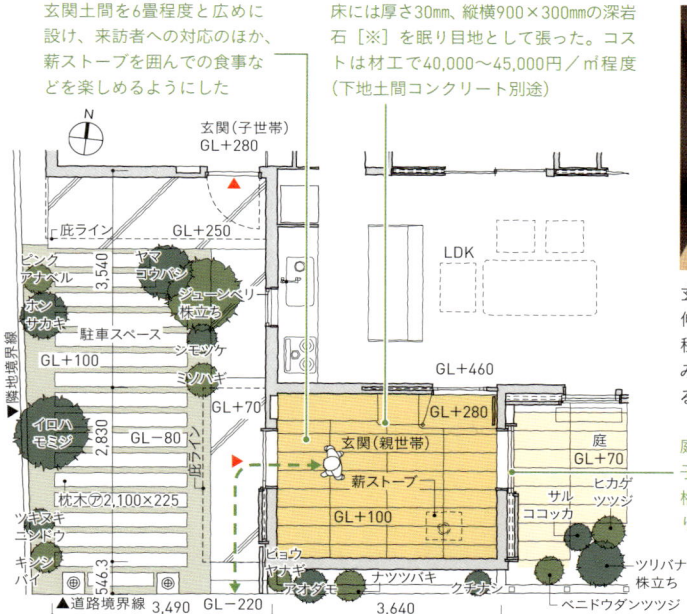

平面図［S＝1：120］

解説：赤沼修「樫の木を望む二世帯住宅」所在地：東京都、建物写真：吉田香代子、設計：赤沼修設計事務所
※ 大谷石の一種。一般的な大谷石と比べると若干硬く、吸水率が低い。ミソ（斑点状の模様。経年により空洞化する）や穴が少ないのも特徴。耐火性に優れ、蓄熱するので、薪ストーブとの相性がよい

アプローチを外に開放して街とつながる

個人の住宅であっても、その外構が近隣住人や街並みに及ぼす影響は軽視できない。建築主の意向次第ではあるが、庭を外に開き、周囲とつながる場所にする選択肢もある。ここでは、門柱横にベンチを置き、アプローチから庭までオープンなつくりとすることで、外部とのつながりと建築主の利便性を両立した。

玄関前のスペースはシームレスに庭とつながり、さらに奥のテラス、和室へとつながる。将来的には介護動線としても使える

ポーチは墨モルタル仕上げ。洗出し仕上げと色のコントラストを大きくすることで、視認性が高まる。ポーチと玄関土間は同じ仕上げにすると、内外が一体化し、オープンな庭でも玄関の領域が明示される

来訪者や近隣住人が休憩する場所として、門柱横に屋根を架けたベンチを設置した

テラスから庭を見る。テラスと同じ素材（ウリン）で、取り外し可能なテーブルを製作。外での食事を楽しめる。近くに外部収納を設け、釣り道具やバーベキューコンロなどを格納しておける。水栓も近くに設置しているため、後片付けの際も便利

平面図[S＝1:120]

和室
テラス
外部収納
介護動線（将来）
ダイニング
テーブル
ポーチ：墨モルタル仕上げ
立水栓
リビング
庭
真砂土コンクリート洗出し仕上げ
玄関
ベンチ
隣地境界線
駐車スペース
門柱
▲道路境界線

1,820 / 750 / 4,650 / 2,730 / 1,010

立水栓
外部収納
テーブル
テラス

真砂土コンクリート洗出し仕上げ
御影石
ベンチ
ポーチ（墨モルタル）
門柱

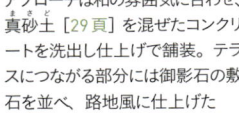

アプローチは和の雰囲気に合わせ、真砂土[29頁]を混ぜたコンクリートを洗出し仕上げで舗装。テラスにつながる部分には御影石の敷石を並べ、路地風に仕上げた

アプローチを
部分的に閉じる

アプローチに袖壁を回し、一部を閉じたり開いたりすれば、視線のコントロールができる。隣地に対してはほどよく開くことで、周囲との適度なコミュニケーションも生まれる。

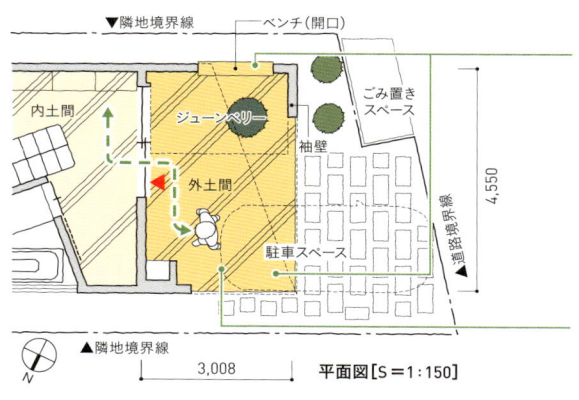

平面図［S＝1：150］

趣味用スペースである玄関前の外土間。隣家の住人との会話が生まれやすいよう、袖壁に開口を設けている

駐車スペースの後方は2階バルコニーが張り出した外土間。キャンプ用品などを雨に濡らさず内土間に出し入れできる

収穫した実は
生食か、ジャムとして
ジューンベリー

バラ科の落葉広葉樹（高さ5〜10m）。花期は4月〜5月。新緑、開花、結実、紅葉と四季折々の表情を楽しめる。樹形が美しく育てやすい、近年人気の品種

外土間にはジューンベリーを植え、隣地や2階の居室からも緑が見えるように。遠景にも公園の緑が見えるよう、袖壁の開口の位置を調整している

解説：比護結子「スキユハウス」所在地：東京都、建物写真：西川公朗、設計：ikmo

集合住宅でも玄関廻りを充実させる

集合住宅でも、住人が自由に使える半屋内空間を玄関前に設けたいもの。フェンスで囲われたプライベートな屋根付きテラスを設ければ、便利かつ楽しめる玄関廻りを実現できる。

フェンス

テラス

フェンスの高さは1,850mm。鍵付きで防犯性が高く、自転車などを置くスペースとしても使いやすい。玄関も含めて開放的に使える

各住戸の玄関前に専用テラスを設ければ、戸建住宅の玄関廻りのように住人の個性が表れる場になる。ここではステンレスワイヤーメッシュ（φ3mm、20×20mm）で囲われた3〜6畳程度の専用テラスを設置。住人が植栽や家具を自由に置くことで、ファサードにも変化が期待できる

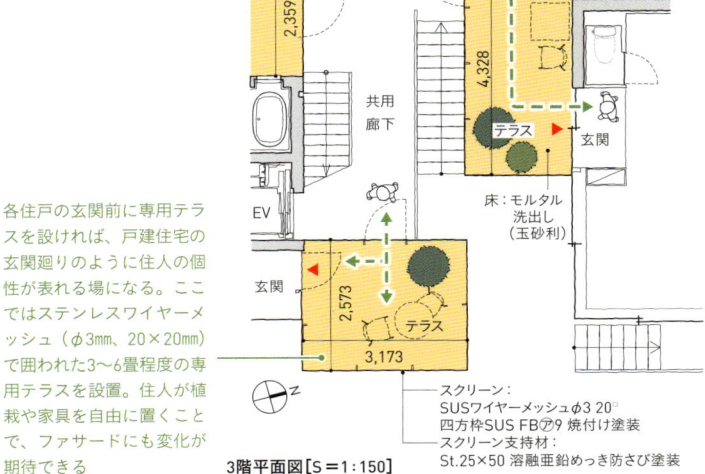

手摺：St.FB⑦9 溶融亜鉛めっき防さび塗装

テラス

2,258

2,359

4,328

共用廊下

テラス

玄関

床：モルタル洗い出し（玉砂利）

EV

玄関

2,573

テラス

3,173

スクリーン：SUSワイヤーメッシュφ3 20
四方枠SUS FB⑦9 焼付け塗装
スクリーン支持材：St.25×50 溶融亜鉛めっき防さび塗装

3階平面図[S＝1：150]

解説：安原幹「西麻布の集合住宅」所在地：東京都、建物写真：西川公朗、設計：SALHAUS

竪樋を
構造柱のように
見せる

外観の、あるいは室内からも目立つ位置に、竪樋が出てしまうケースがある。そんな場合には、竪樋に鉄管を用いて構造柱のように見せてしまうのも一策。肉厚の鉄管を用いれば、中間で柱に接続するブラケットも少なくて済む。

竪樋

前面道路側に水勾配をとる屋根の架け方は、竪樋がどうしてもファサード側に見えてしまう。ここでは右側の木柱前に竪樋を設置して鋼製柱のように見せている

ブラケット

重い鉄管が軒樋に負担をかけないよう、竪樋は中間のブラケットと足元で支えている

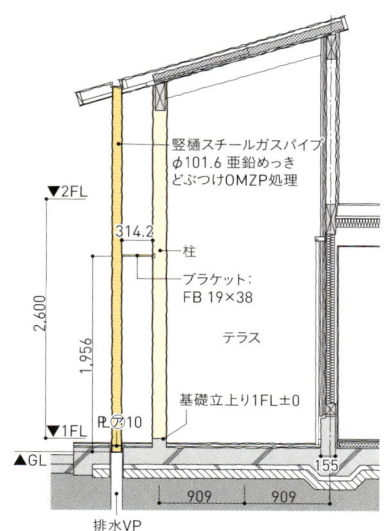

▼2FL
314.2
2,600
1,956
▼1FL
▲GL

竪樋スチールガスパイプ
φ101.6 亜鉛めっき
どぶづけOMZP処理

柱

ブラケット:
FB 19×38

テラス

基礎立上り1FL±0

φ10

155

909　909

排水VP

断面図[S＝1:80]

施工中写真。鉄管は腐食防止のため、亜鉛めっきどぶづけOMZP処理を施し、足元をタイル仕上げで埋込みに。OMZP処理とはリン酸処理のこと。溶融亜鉛めっきされた鉄鋼製品の表面に、意匠性のあるグレーの安定した色合いの化成皮膜を形成させる

解説：定方三将「三田の住宅」所在地：兵庫県、建物写真：平野和司、施工写真：上町研究所、建物設計：上町研究所、造園：荒木造園設計

あえて室内から見える位置に鎖樋を設ける

室内からの眺望で竪樋が見えてきてしまう場合、鎖樋を用いる手もある。鎖樋が目立たないように植栽を近くに目隠しとして植えれば違和感がなく、降雨時の雨水の流れも楽しめる。

植栽を背景にして鎖樋が室内から見えるように、鎖樋はテラス脇の植栽に組み込むとよい

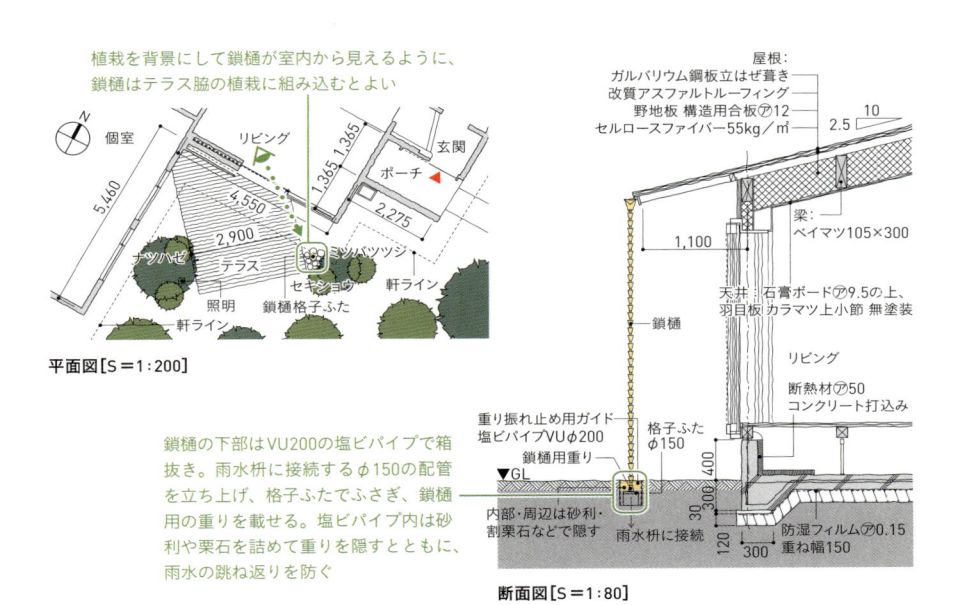

平面図[S＝1:200]

屋根:
ガルバリウム鋼板立はぜ葺き
改質アスファルトルーフィング
野地板 構造用合板⑦12
セルロースファイバー55kg／㎡

梁:ベイマツ105×300

天井:石膏ボード⑦9.5の上、羽目板 カラマツ上小節 無塗装

リビング

断熱材⑦50
コンクリート打込み

鎖樋の下部はVU200の塩ビパイプで箱抜き。雨水枡に接続するφ150の配管を立ち上げ、格子ふたでふさぎ、鎖樋用の重りを載せる。塩ビパイプ内は砂利や栗石を詰めて重りを隠すとともに、雨水の跳ね返りを防ぐ

重り振れ止め用ガイド 塩ビパイプVUφ200
格子ふた φ150
鎖樋用重り
▼GL
内部・周辺は砂利・割栗石などで隠す
雨水枡に接続
防湿フィルム⑦0.15 重ね幅150

断面図[S＝1:80]

屋根を軽快に見せるため、軒先の破風板を薄く見せている

コンパクトな庭や玄関前スペースに ナツハゼ

ツツジ科の落葉広葉樹(高さ1〜3m)。花期は5月〜6月。成長が遅く狭い庭でも育てやすい。ほかの植物を引き立てるサブツリーに適している

解説:伊瀬和裕「川北の家」所在地:広島県、建物写真:貝出翔太郎、設計:テトラワークス

中庭の竪樋は鎖樋で
デザイン要素にする

中庭に面して開口を大きく取る場合、中庭側に竪樋を設けると塩ビ製の竪樋がどうしても目立ってしまう。そんなケースでは鎖樋を用いれば、景観を損なうことなく雨水を排水できる。

駐車スペース奥の中庭。部分的に外壁をなくしていることで、閉塞感のない明るい空間となっている

江戸時代に改良された
伝統園芸植物
ハラン

キジカクシ科の常緑多年草（高さ0.2～1m）。艶のある緑の葉を地面に広げる。日陰と湿気を好み、常緑樹の下や家の北側でもよく育つ

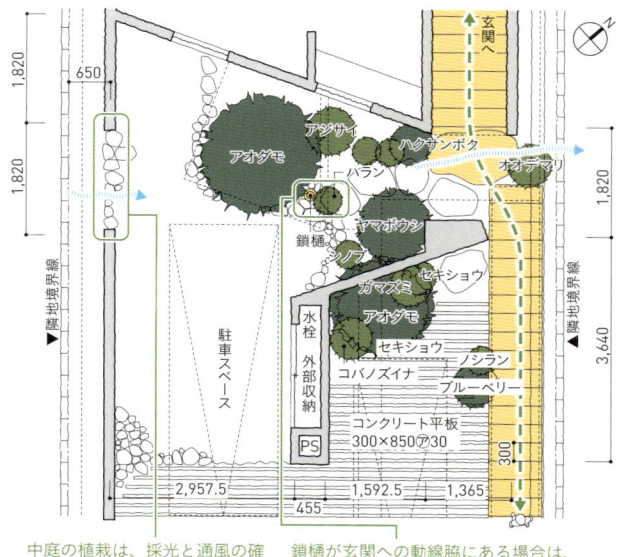

中庭の植栽は、採光と通風の確保が課題。建物両脇の外壁を一部除去し、光と風を通している

鎖樋が玄関への動線脇にある場合は、足元を石や砕石で隠し、ハランなどで庭の一部に仕立てるとよい

平面図[S＝1:120]

上：鎖樋の見上げ。アオダモの枝のなかを屋根から鎖樋が下りる
下：鎖樋の長さは約5.4mと長いため、途中の化粧梁に、ブラケット状の金物の振れ止めを設置

解説：伊瀬和裕「つながりの家」所在地：広島県、建物写真：貝出翔太郎、建物設計：テトラワークス、造園：庭屋sora*niwa

［資料］アプローチ・玄関

玄関へと向かうアプローチでは、安全に通行できるための通路寸法や意匠の確保が重要だ。植栽や照明など必要となる要素をうまく組み合わせ、玄関までの印象を高めたい。

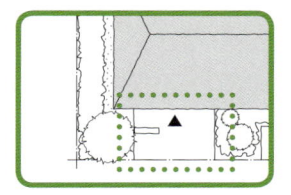

アプローチ

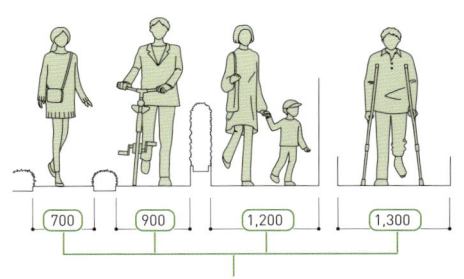

1人歩行　自転車を引く　2人歩行　松葉杖歩行

700　900　1,200　1,300

アプローチの通路幅は、大人1人が余裕をもって通行できる700mm以上を確保したい。自転車を押して歩くには900mm以上、2人並んでの歩行には1,200mm以上あるとよい。松葉杖の使用も考慮すると1,300mm以上あると安心

植栽は、地面から枝下までの高さを2,200mm以上確保すると傘をさした時もぶつかりにくい。1,800mm以下の高さに枝が伸びてきたら剪定を検討しよう

1,600〜1,800
2,000〜2,200

舗装材

平板

乱形石張り

乱形石張りは、天然の石を現場で板状に割り、不ぞろいな形状やサイズのまま張る手法。目地の幅がそろっていると美しく見える

方形石張り

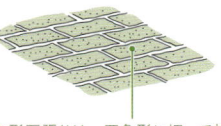

方形石張りは、四角形に切って加工された石を張る手法。300mm×600mm、400mm角、800mm角などさまざまなサイズが売られている

インターロッキングブロック

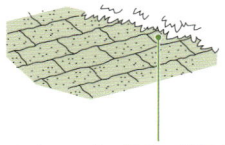

インターロッキングブロックは1個ずつかみ合わせて設置するコンクリートブロックのこと。サイズは100×200mm、厚さは60、80mmなどさまざま。透水性、耐久性などの機能と意匠を両立できる

枕木

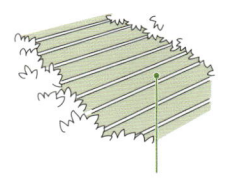

枕木は幅200mm×厚さ75mm、140mm×2,100mmが一般的。長さは600、800、1,000mmなどがある。本来は鉄道のレール下に敷く木材を指す

コンクリート洗出し

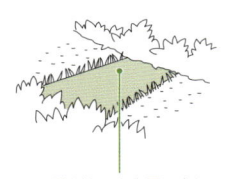

砂利などを表面に出し、凹凸を出す仕上げ方

スロープ・階段

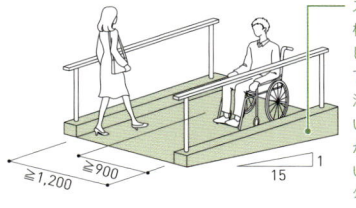

スロープの勾配は、車椅子使用者が介助者なしで自走できる1／15以下がよい。バリアフリー法では1／12を超えないよう定められているが、自走には適していない勾配なので要注意。勾配が1／12を超える場合は手摺を設置する必要がある［※1］

≧1,200　≧900　15 ： 1

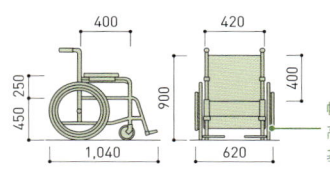

400　420
250　900　400
450　250　400
1,040　620

幅620mm、奥行き1,040mm、高さ900mmが車椅子寸法の基本

階段寸法は、蹴上げ150mm、踏み面の幅300mmと、屋内階段よりも緩やかな寸法を基準に設計するとよい

内部手摺の高さは踏み面から750mm程度が基本。エクステリア商材では靴履きの状態を考慮して800mmが主流

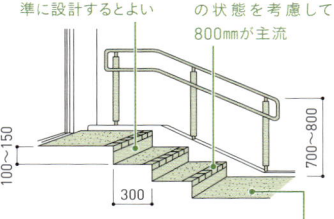

100～150　700～800　300

滑りにくい素材で、ノンスリップ部分には視認性のよい色を選ぶと安全

玄関戸

幅の狭い扉［※2］と広い扉がセットになっている玄関扉を親子扉という。狭い扉は330mm幅、広い扉は750mm幅が基準

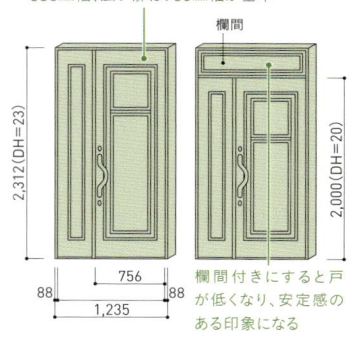

欄間

2,312（DH＝23）　2,000（DH＝20）
88　756　88
1,235

欄間付きにすると戸が低くなり、安定感のある印象になる

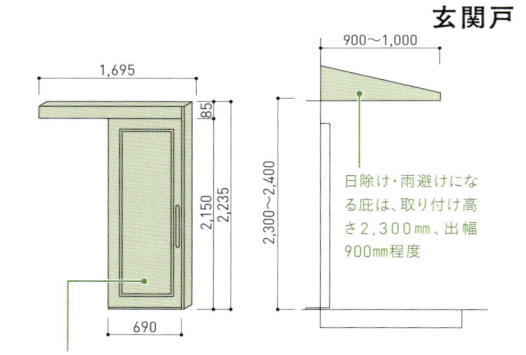

1,695
185　2,150　2,235
690
900～1,000
2,300～2,400

日除け・雨避けになる庇は、取り付け高さ2,300mm、出幅900mm程度

引戸は吊上げタイプとレールタイプがある。玄関を引戸にすることで横側に戸幅分の引き代が必要になるが、扉に比べ前後はスペースを省け、鉢植えや雑貨などが置きやすくなる

ポーチ

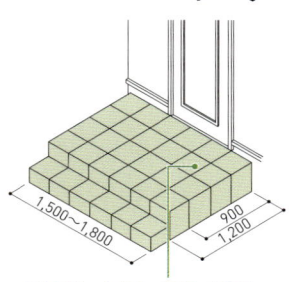

1,500～1,800　900
1,200

幅1,500～1,800mm程度、奥行き1,200mm程度あると、ベビーカーや荷物を一度置くことができ、出入りが楽

屋外用洗面器

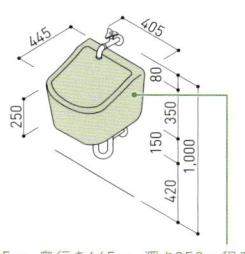

445　405
250　80
150　350
420　1,000

幅405mm、奥行き445mm、深さ250mm程度と、洗面室に置かれる洗面器と比べてやや深めのモノとするとよい。手洗いのほか、ガーデニング用品や靴など屋内に持ち込みたくないものを洗う場としても活用できる

ベンチ

木製

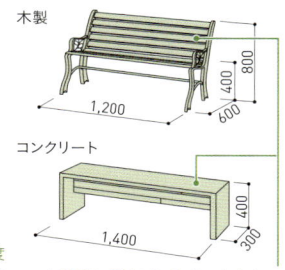

1,200　400　800　600

コンクリート

1,400　400　300

玄関脇に置くことで、ウェルカムベンチとして来客や近隣の人などとの会話の場となる。座面の高さは400mm程度

※1　そのほか、滑りにくい素材で仕上げる、踊場に点字ブロックを敷設するなどの規制がある
※2　幅の狭いほうの扉は、普段は固定されており、荷物の搬入など必要に応じて開くことで開口の広さを調節できる

照明

ポールライト

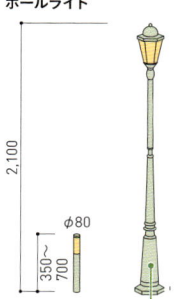

2,100
φ80
350〜700

2m程度の高いものなら広い範囲の明るさを確保できる

ブラケットライト

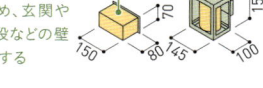

メインの照明を補助するため、玄関や廊下、階段などの壁面に設置する

150 70 80 145 100 150

門柱灯

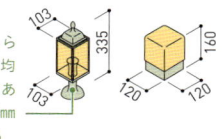

目に直射光が入らないよう、人の平均的な視線高さである1,500〜1,600mmを避けて設置する

103 335 120 120 160

スポットライト

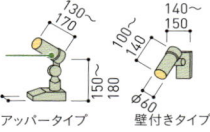

シンボルツリー［※3］など、狭い範囲をピンポイントで照らす際に使うとよい

130〜170 140〜150 100〜140 150 180 70

アッパータイプ　壁付きタイプ

地中埋込みライト

65,140,165　140　140

アプローチに設置して、視線を進行方向へ誘導したり、樹木の下に設置してライトアップしたりできる。電球のカバーにはガラスや大理石調などさまざまな質感のものがある。設置する場所の素材に合ったものを選ぶと意匠性が高まる

フットライト

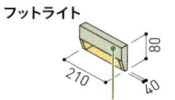

210 80 40

足元を照らす照明を設置すれば、夜間の帰宅時も安全。外壁や塀などの幅210mm、高さ80mm程度のスペースに設置する

防犯カメラ・人感センサーライト

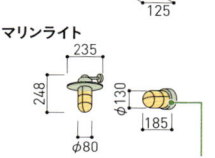

150Φ 110 80.95 80.90 260 55 50 125

天井直付け

周囲の人の動きや温度の変化を感知して点灯するタイプの照明付きのタイプを選ぶとよい

マリンライト

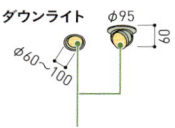

235 248 φ130 φ80 185

もともと船舶で使用されていたもので、玄関などで使用。電球を覆うガラスと金属製の格子が特徴

ダウンライト

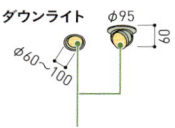

φ95 60 φ60〜100

軒下などに設置する。植栽など照らしたいものがある場合は、角度が調整できるユニバーサルダウンライト（右図）がお薦め

樋・雨水浸透枡

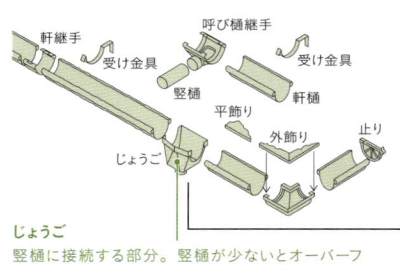

軒継手　呼び樋継手　受け金具　受け金具　竪樋　平飾り　軒樋　外飾り　止り　じょうご

じょうご

竪樋に接続する部分。竪樋が少ないとオーバーフローしやすくなるので、竪樋の径、本数はメーカー資料に沿って計画する

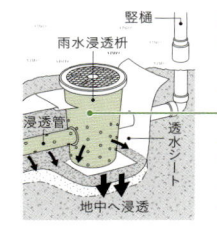

竪樋　雨水浸透枡　浸透管　透水シート　地中へ浸透

雨水浸透枡

雨水を地中に浸透させる枡。通常の雨水枡とは異なり、底面や側面に浸透させる孔があいている。雨水が集中してあふれないよう、浸透管で浸透枡どうしを連結

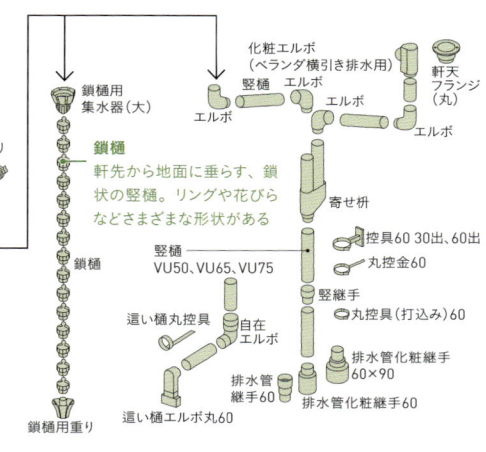

鎖樋用集水器（大）

鎖樋

軒先から地面に垂らす、鎖状の竪樋。リングや花びらなどさまざまな形状がある

鎖樋　鎖樋用重り

化粧エルボ（ベランダ横引き排水用）　竪樋　エルボ　軒天フランジ（丸）　エルボ　エルボ　寄せ枡　控具60 30出、60出　丸控金60　竪樋 VU50、VU65、VU75　竪継手　丸控具（打込み）60　排水管化粧継手 60×90　排水管化粧継手60　這い樋丸控具　自在エルボ　排水管継手60　這い樋エルボ丸60

落ち葉よけネット

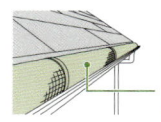

軒樋に落ち葉が溜まってじょうごが詰まることを防ぐために設置する樹脂製のネット

右頁・左頁上段解説：松下高弘（エムデザインファクトリー）、左頁下段文責：編集部
※3 その家の象徴となるような一本立ちの樹木。新築や出産などの記念に植えられることもある

［門柱・ポスト・宅配ボックス］

ポストや宅配ボックスなどは来訪者がアクセスする門扉廻りの要素。それを、玄関から遠ざけて敷地の外縁部に配置すると、玄関から門扉に至る空間の私的性質が色濃くなり、敷地全体のプライバシーを高められる。一方、玄関付近に設置すると荷物の受け取りがしやすく、来客を招き入れやすい家になるが、そこより外側は敷地内であってもパブリックな空間になる。建築主のニーズでポストなどのベストポジションは変わる。

遠ざけると安心。近づけると便利

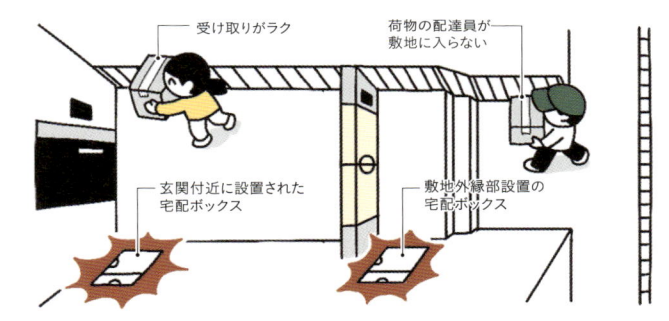

受け取りがラク

荷物の配達員が敷地に入らない

玄関付近に設置された宅配ボックス

敷地外縁部設置の宅配ボックス

宅配ボックスなどの設備を玄関から遠ざけると、敷地のプライバシーが高まる。一方で、玄関に近づけると荷物のピックアップが手軽になり便利

外部からの視線を遮蔽する

人が見えねえな…

宅配ボックス

ポスト

樹木

門柱廻りの要素は、その配置と植栽・アプローチなど［12頁］を組み合わせることで、外部に見せたくない部分を隠すことができる

文責：編集部

アプローチの手前に設備を配置する

アプローチが長い場合、門扉廻りの設備の配置には選択肢が多い。防犯性やプライバシー保護を重視するなら、アプローチ手前にインターホン・ポストを設置したい。

前面道路より建物を見る。アプローチを屈曲させることによって、通行人の視線をそれとなく玄関から遮っている

アプローチを屈曲させ、加えて植栽をアイストップのように屈曲箇所に配置すれば、玄関への視線を遮れる。木々の間を抜け自然が近く感じられるアプローチになるよう工夫を凝らすとよい

宅配ボックスなどの位置は建築主の要望により決める。アプローチより外側に配置すれば、来訪者が敷地内部に入って来ないため、防犯性に優れる。玄関付近など敷地内に配置すれば、荷物のピックアップが楽になる

平面図[S＝1:200]

マサキ　ソヨゴ
ホール　玄関
ポーチ
シロダモ
ニシキギ
ムラサキシキブ
ハウチワカエデ
LDK
ヤマボウシ
ブルーベリー
中庭
表札・インターホン・ポスト・宅配ボックス
アプローチ
1,930
3,640
2,730
道路境界線
N
▲道路境界線

日陰の林の中でも発芽するたくましさ
シロダモ

クスノキ科の常緑広葉樹（高さ10〜15m）。花期は10月〜11月。湿気と栄養のある土を好む。成長が早いため、頻繁に剪定する必要がある

解説：新井崇文「本郷町の家」所在地：神奈川県、建物写真：新井崇文、設計：新井アトリエ

南側に道路があり、かつアプローチの動線上に庭がある場合、板塀と門扉で建物を囲い、プライバシーを確保したい

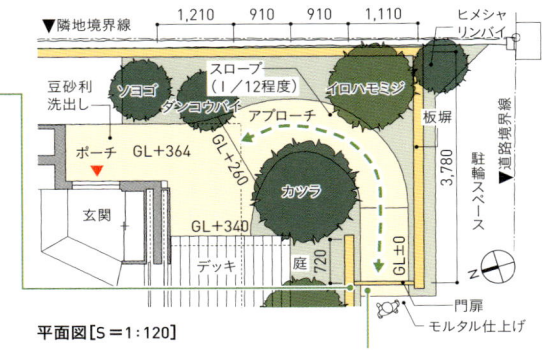

平面図[S＝1：120]

▼隣地境界線
1,210　910　910　1,110
ヒメシャリンバイ
豆砂利洗出し
ソヨゴ
スロープ（1／12程度）
ダンコウバイ
イロハモミジ
板塀
アプローチ
ポーチ　GL＋364
GL＋280
▼道路境界線
駐輪スペース
3,780
玄関
GL＋340
カツラ
デッキ
庭
720
GL±0
門扉
モルタル仕上げ

床仕上げは、門扉と板塀の外側（モルタル）と、内側（豆砂利洗出し）で変化をつけるとよい。内側と外側の境界をさりげなく示すことで、アプローチへと続く半屋外空間がプライベートな雰囲気になる

戸当りにはステンレスのL字金物を採用。戸当り部分には強力マグネットをねじ留めすることで、閉時は磁力により固定され、風で勝手に開閉したり、がたついたりするのを防げる

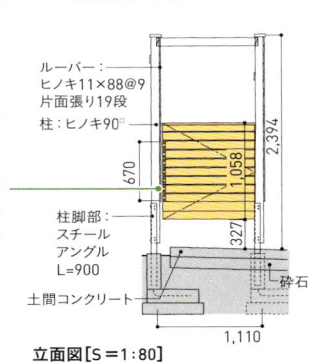

ルーバー：ヒノキ11×88@9片面張り19段
柱：ヒノキ90□
2,394
1,058
670
327
柱脚部：スチールアングルL＝900
土間コンクリート
砂石
1,110

立面図[S＝1：80]

門扉を開放すると曲線のアプローチと植栽が見える。門からの視線は建物に届かず、来客対応などの際も安心感がある

早春に黄色の小花を咲かせる
ダンコウバイ

クスノキ科の落葉広葉樹（高さ2〜7m）。花期は3月〜4月。秋には鮮やかに黄葉する。有機質に富んだ、水はけと風通しのよい土に植えるとよい。西日と乾燥を嫌う

門扉を設けて パブリックとプライベートの境界をつくる

敷地の南側に道路がある場合は、採光の点から敷地の南側に庭を配置したい。板塀と門扉で道路側を囲えば、南側の庭とアプローチに面する出入口のプライバシーを確保できる。

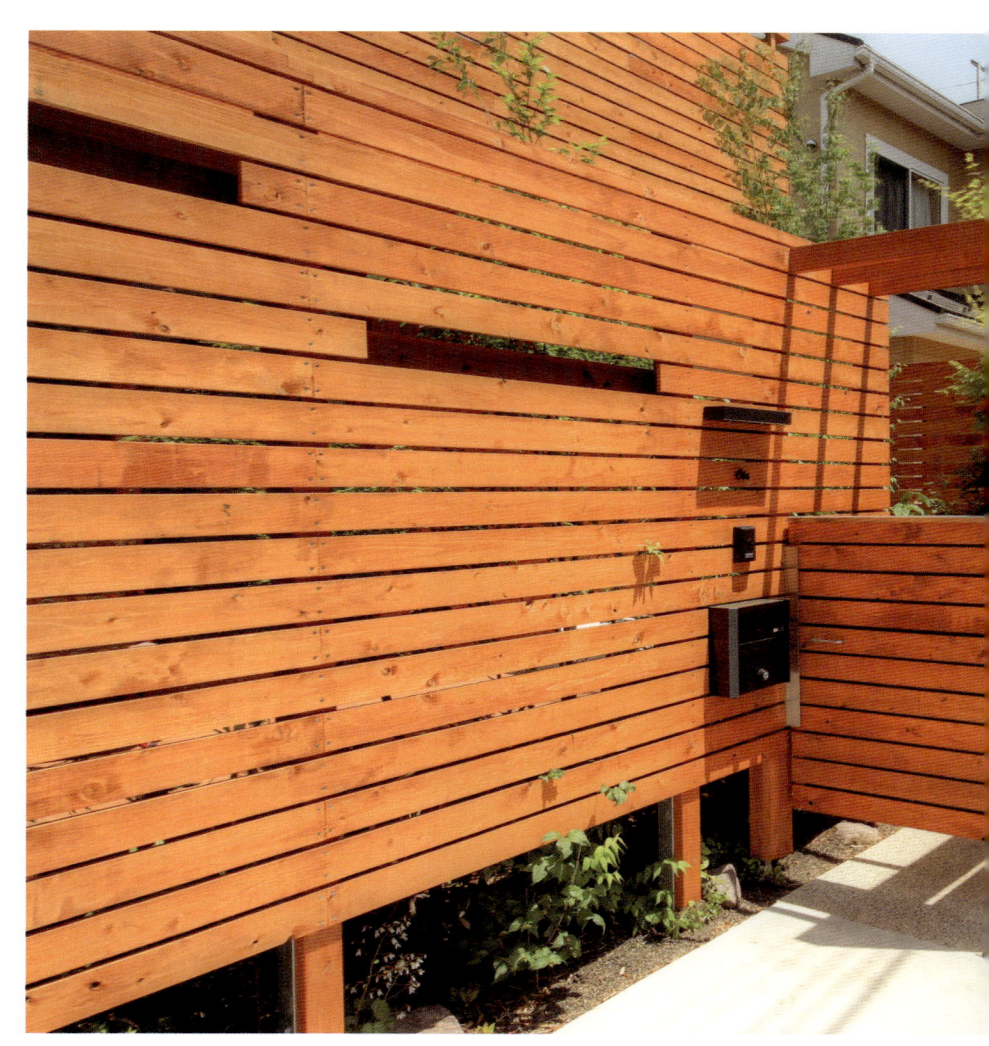

門扉の下端は土間コンクリートから327mm、上端は板塀より低めの1,385mmに抑えた。板塀よりも下に少しずらして設置することで圧迫感を軽減している。一方でルーバーの寸法とピッチは板塀とそろえ、一体感のある見た目にした

袖壁に
宅配ボックスと
外部収納を設ける

宅配ボックスなどは、動線上に配置することで荷物のピックアップにも便利な設えとなる。駐車スペースから玄関に向かう動線上に、玄関の目隠しとなる袖壁を配し、袖壁に宅配ボックスと外部収納を設置するとよい。

駐車スペース2より袖壁とアプローチを見る。植栽と敷石で構成された中庭に、レッドシダーの袖壁と黒色の宅配ボックスとポストがなじんで、まとまりある意匠となった

シェードガーデンの グラウンドカバーに
ノシラン

キジカクシ科の常緑多年草（高さ0.5m）。長く光沢がある葉を伸ばす。半日陰か日陰に適しており、グラウンドカバーや常緑樹の下の根締めに使われる

袖壁はレッドシダーの縦張り。耐震の役割を担う耐力壁でもある。駐車スペース2側には外部収納を設置。日用品の格納のほか、中には水栓を設置した。中庭の手入れや洗車に便利

郵便物は軽いためポストの高さは床面からの高さ1,100mmに、宅配ボックスは中心の高さ480mmに設置。どちらも動線上に設置し、その場でまとめてピックアップできるようにしたい

宅配ボックスは使い勝手だけでなく、防水性能にも配慮したい。水抜き孔がある宅配ボックスがお薦め。設置の際はその孔をふさがないように要注意

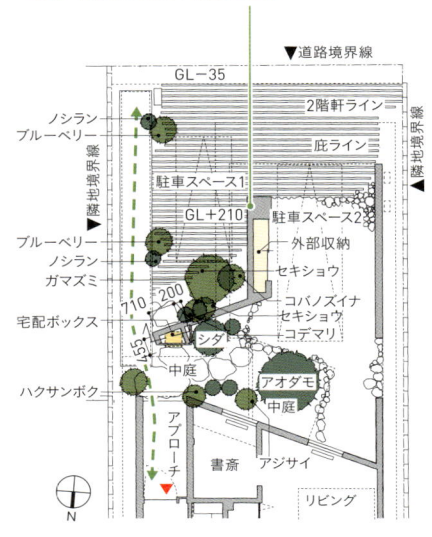

平面図[S＝1：200]

断面図に関する注記：
▼道路境界線
GL－35
2階軒ライン
庇ライン
駐車スペース1
GL＋210
駐車スペース2
外部収納
セキショウ
コバノズイナ
セキショウ
コデマリ
シダ
アオダモ
中庭
中庭
ノシラン
ブルーベリー
ブルーベリー
ノシラン
ガマズミ
宅配ボックス
ハクサンボク
710 200
655
アプローチ
書斎
アジサイ
リビング

断面図に関する注記：
インターホン
ポスト
120
350
200
775
600
480
150
54
120
宅配ボックス
▼ポーチ
▼設計GL
▼1FL土台天端
▼土台天端

断面図[S＝1：80]

外部収納内に設けた水栓。収納内にホースリールごと収納できるスペースも確保した。基本的にはホースにつないで使用するため、収納内には排水経路を設けていない

解説：伊瀬和裕「つながりの家」所在地：広島県、上建物写真：貝出翔太郎、下外部収納写真：テトラワークス、設計：テトラワークス

門柱の裏にポストを設置する

アプローチの中間地点に門柱を立て、その裏にポストを設置するのも一手。来訪者とのちょうどよい距離感をつくりだし、意匠性も高くなる。

ドングリがなる木の代表
アラカシ

ブナ科の常緑広葉樹（高さ15〜20m）。花期は4月〜5月。生け垣によく植栽される。成長が早く、家庭で育てる場合、年に1回は刈り込みが必要

前面道路よりアプローチ・玄関を見る。正面からはポストを目視できない

通行量の多い道路に面している場合、プライバシーに配慮。アプローチを湾曲させれば、玄関への視線を避けることができる

玄関と入口のちょうど中間部、アプローチの湾曲点の脇に門柱をつくった。アプローチの歩くスペースを邪魔しない

平面図[S＝1:150]

さまざまな身長の人が使用するインターホンは、中心の高さが1,100〜1,300mm程度の位置に設置するとよい

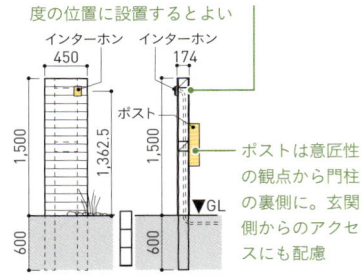

ポストは意匠性の観点から門柱の裏側に。玄関側からのアクセスにも配慮

立面図[S＝1:80]

解説：伊瀬和裕「川北の家」所在地：広島県、建物写真：貝出翔太郎、設計：テトラワークス

［資料］門扉・門柱

内と外の境界を示す門扉・門柱。最近ではそこに宅配ボックス・ポストなどを設けるケースが増えている。ここでは門扉・門柱を構成する基本的なモノを紹介する。

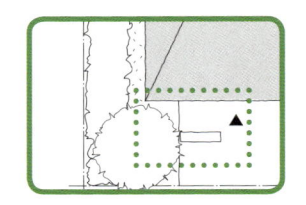

門扉廻り

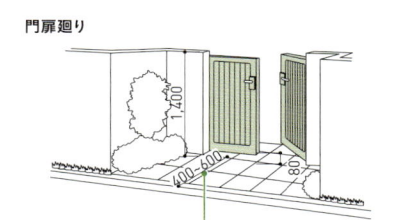

門扉には多くの製品があり、扉1枚の大きさもさまざま。安全のため道路より400〜600㎜の引込みを確保したい。扉の下端は80㎜ほど地面から浮かせると整った印象になる

表札

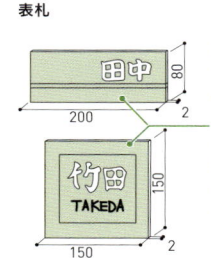

戸口や門に付ける名札。近年はデザイン性の高い金属製のプレート型が増えている。すっきりとした印象の横長形状のものや、安定感のある正方形のものはその代表格

門柱

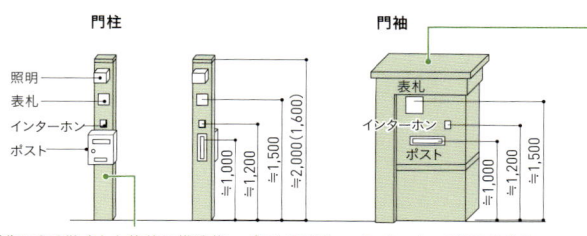

照明
表札
インターホン
ポスト

玄関先にある独立した柱状の構造物。ポストや表札、インターホンを取り付けるので機能門柱と呼ばれる。それぞれ使いやすい高さがあり、ポストは心で1,100㎜、インターホンは心で1,200㎜前後の高さに取り付けるとよい

門袖

表札
インターホン
ポスト

表札やインターホンの機能を備えた壁状の構造物。門柱と比較して大きく存在感があり、家の入口の印象を高める。各設備の設置高さは門柱と同じ

最新のカメラ付きインターホンにはカメラのアングルを変えられる機能が搭載されたものも登場している

インターホン

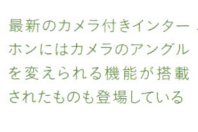

カメラ付きインターホン

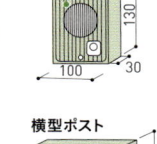

カメラ付きインターホンの撮影可能範囲は、機器により異なる。一般的な製品で1,000㎜の高さに設置した場合、撮影可能範囲は下記のとおり

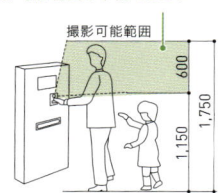

撮影可能範囲

前入れ前出しタイプ、前入れ後ろ出しタイプの2種類ある。右のポストはかつてアメリカによく見られたタイプのポスト

横型ポスト

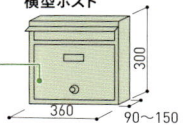

アメリカンポスト

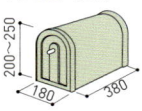

宅配ボックス

後付け可能な宅配ボックス

宅配ボックスの設置形式は、建物や門袖の壁面に埋め込むタイプ、地面に置くタイプなどさまざま。投函と回収の方法も、前入れ前出し式と、前入れ後ろ出し式の2種類ある。図は地面に置くタイプの前入れ前出し式

COMBO-LIGHT（ミドルタイプ・ラージタイプ）

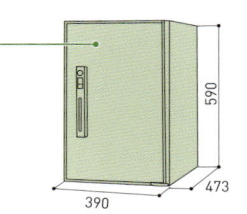
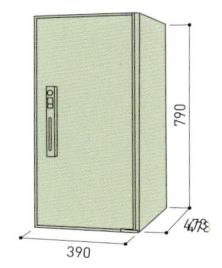

設置施工後の宅配ボックスの開閉

設置は、本体を床面に接着剤固定もしくはアンカー固定のどちらかを選択。印鑑が内蔵され、配達員が押印できるようになっている。押印と同時に施錠され、盗難を防止する。このタイプでは幅310×奥行き400×高さ500mm以内の宅配物が格納できる

COMBO-LIGHT（ミドルタイプ）

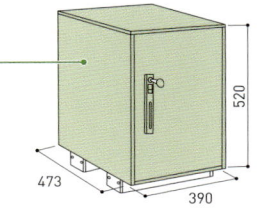
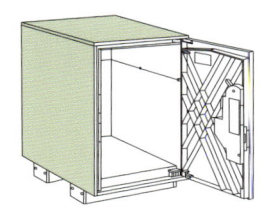

設置形式が選べる宅配ボックス

建物や門袖の壁面に埋め込むタイプ、地面に置くタイプなど、設置形式がさまざまに選べる宅配ボックス。図は建物に埋め込むタイプ

COMBO

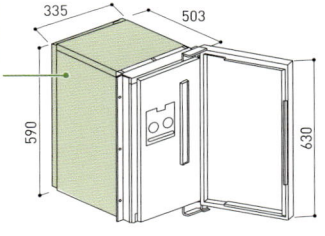
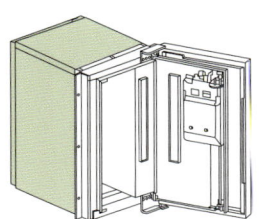

大型郵便に対応するポスト

最近ではフリマアプリの利用増で大型郵便が増加している。通常のポストでは投函できないため、再配達になってしまっていた大型郵便を投函可能にした、投函口の幅74mmのポストが登場している

Pakemo-UF

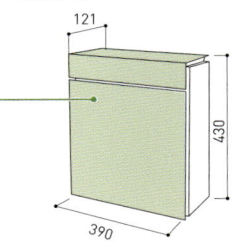
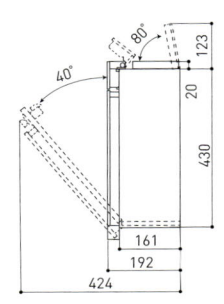

①打ち合わせではイメージを共有する

外構の計画に先立ち、建築主とイメージを共有するための打ち合わせを行う。外構・植栽のイメージとなる提案資料を用意し、計画案をもとに予算を概算で提示する。

建築主への提案資料例

以前手掛けた外構・植栽の事例写真などをまとめて提案資料とするとよい。落葉樹の落葉や剪定の手間など、建築主が植栽にかかわる負のイメージをもっている場合もある。要望を聞いたうえで、樹種提案するとよい。また、建築主に思い入れがある樹種や既存樹木を生かすことで、それが

建築計画のテーマとなることもある。そうしたことも、建築主に前もってヒアリングしておくとよい

コストを抑えるには、できるだけ建築工事で対応

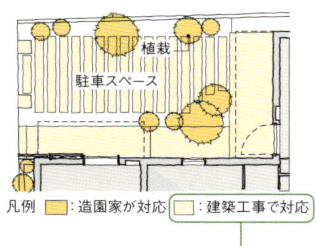

凡例 ■：造園家が対応 □：建築工事で対応

造園家の外構は高額になる可能性がある。建築で処できる部分は建築工事で計画したい。どちらで工事するか選択できるようにしておくとよい

②基本設計では配置を決める

イメージが共有できたら、実際の設計に落とし込む。ここで、設備や植栽範囲などの具体的な内容を確定する。メンテナンスにも配慮して、モノや植物の位置を決めておきたい。

配置計画のポイント

造園家が参加する場合は、基本設計段階で打ち合わせを行う

植栽

駐車スペース

玄関廻りの土間や駐車スペース、板塀、各設備とその配管、外水栓、外部コンセント、デッキ、植栽などを配置していく

隣地のシラカシ（区保存樹）を建築計画に生かした例

シラカシ

建替えや大規模改修などでは、以前からある植栽を生かすこともある。写真の事例では、建築主の思い入れのあるシラカシを囲むように、駐車スペースと庭、ポーチを配置する計画とした。また、樹木のメンテナンスは手掛けた造園家のほか、建築主自身や付き合いのある植木職人が行う場合もある。計画段階で誰がメンテナンスに当たるのかを確認しておき、植栽計画に反映しておきたい

③工事見積りから竣工時まで、変更を含め
柔軟に対応。竣工後もヒアリングを

基本設計が出そろった段階で工事費を割り出し、予算を超える場合は必要に応じて施工範囲の縮小や、別の樹種・仕上げの採用なども検討する。竣工後は外構や植栽についても建築主にヒアリングを重ね、メンテナンスを継続できるようフォローする。特に植栽は適切な剪定によって樹形が美しく保たれ、その後の剪定作業も容易になる。

竣工時にはできるだけ外構と植栽を整えておきたい。引き渡し時の建築主の満足度に大きく影響するからだ。ここでは造園家を入れて、植栽をまとめあげた

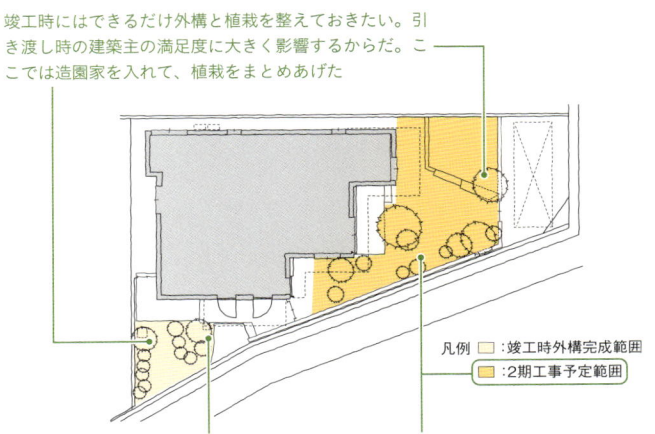

凡例 □：竣工時外構完成範囲
□：2期工事予定範囲

見積りの結果、植栽に十分な予算が取れない場合は、施工範囲を絞って実施する場合もある。ここでは玄関廻りを優先した。変更する場合は、建築主と変更後のイメージをその都度共有する

作庭は外構、低中高木、下草など全体の調和が大切なので、コスト・納期に限りがある場合は、施工範囲を限定して作庭し、建築主の状況に合わせて範囲を広げていくような提案を行うとよいだろう

玄関を優先した例

ここでは住宅の印象を大きく左右する玄関廻りを優先した。植栽を玄関廻りや大きな窓先など、効果が大きい場所に限定して施工することで、住宅のイメージをよいものに保つことができる。この場合でも建築主や設計者、造園家で、主庭や菜園などについて将来の造園も含めて全体イメージを共有したうえで、竣工後の工事などについても提案しておきたい

解説：赤沼修「井の頭の家」所在地：東京都、建物写真：吉田香代子、設計：赤沼修建築設計事務所

［庭・テラス］

現代の庭に明確な様式はなく、建築主の好みや周辺環境との調和などを考慮して計画するとよい。近年は見通しがよく明るい雑木の庭が好まれ、アカシデやアオダモなど落葉広葉樹を中心に構成される。グラウンドカバーはクマザサやヤブランなどが植えられることが多い。しかし、人気で丈夫かつ手入れしやすい植物はどこも似たものになりやすいので、石や水などの要素も使って個性を出したい。特にオープンな外構では前庭が家の顔となるため、配植が重要だ。照明による演出［138頁］も効果的。緑を楽しむ設えは庭に限らず、屋上や壁面の緑化も有効である。

建物の形状と配置次第で庭の出来が大きく変わる

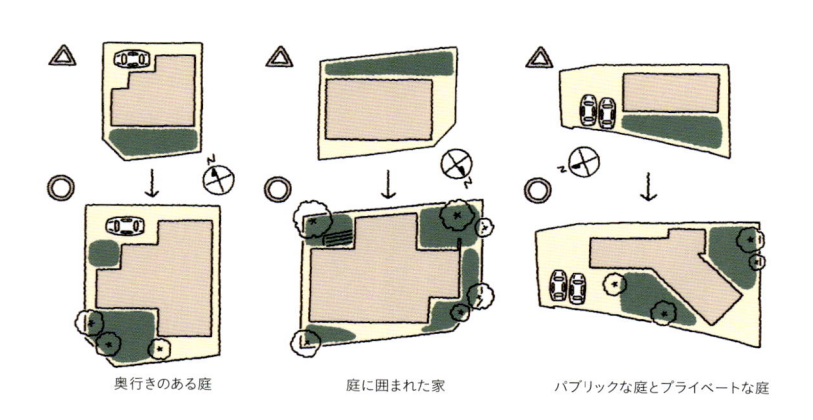

奥行きのある庭　　　庭に囲まれた家　　　パブリックな庭とプライベートな庭

限られた敷地で建築面積の制限いっぱいに整形の建物を配置すると、庭が中途半端な大きさになったり、単調な形状になったりしてしまう。庭に性格をもたせることを考慮しながら建物形状を変形させれば、豊かな庭空間を確保できる ［62頁］

地面以外も緑化する

屋上緑地

壁面緑化

狭小地で庭をつくるスペースがなくても諦めることはない。屋根や壁面を緑化すれば、緑豊かな風景をつくれる［65・66・110～113頁］

緑以外の要素で庭に個性を出す

ロックガーデン

ウォーターガーデン

近年は雑木の庭が人気。ロックガーデン（山の日当りのよい岩場に生育する高山植物を模した、植物園などで見られる庭）［64頁］や庭の中に水景を取り入れたウォーターガーデン［69頁］、ハーブガーデンなどは個性を出しやすい

素朴な庭は芝よりクローバー

クローバーの築山

あえてきれいに整えない、自然な雰囲気の庭とするには、クローバーがお薦め。築山を設けると奥行き感や立体感が生まれる［77頁］

使える庭・テラスに

ガーデンファニチャー

屋根

ステップ

使える庭にしたいなら、ガーデンファニチャー［81頁］を置けるように計画したり［72頁］、外部から見えにくいプラン［78頁］にしたりしよう

小さな庭から
光と風を取り込む

光と風を室内に取り込むには、庭を南側に配置するのが基本。しかし敷地条件によっては、南側にまとまった庭スペースを確保できないこともある。そんなときは、平面を変形させて、余白部分に複数の小さな庭を分散させるとよい。

明るい南東角に奥行き2,000mm程度の庭を設けることで、室内に心地よい自然光と風が入る

庭を眺めるための窓は、サッシが目立たないFIX窓がよい。通風も確保したい場合は、縦すべり出し窓を組み合わせる。縦すべり出し窓に簾戸を取り付ければ、サッシを隠しながら風が抜ける

5000超の園芸品種がつくられている
シャクナゲ

ツツジ科の常緑広葉樹（高さ50cm〜5m）。花期は4月〜5月。湿気と水はけのよい土を好む。本来暑さに弱いが、出回っているのは育てやすく改良された園芸品種（セイヨウシャクナゲなど）が多い

平面図[S＝1:200]

敷地の南側と東側に隣家が迫っている場合、建物の平面形状を長方形にすると、庭は東西に細長い暗いものになってしまう。そこで、凹凸のある平面形状にして庭を分散させれば、南面にも奥行きのある庭をつくることができ、緑に囲まれた住宅となる

植栽による目隠しだけでは不安な場合、板塀は植栽との相性がよく、効果的。写真のルーバーは隙間を15mmにしている。視線を遮る効果は弱まるが、隙間を30mm（120mm幅の木板を150mmピッチ）にすれば、風が通りやすく植物の生育によい

解説：島田貴史「kotaハウス」所在地：東京都、建物写真：西川公朗、建物設計：しまだ設計室、造園：ワイルドグリーン

家で過ごす時間のなかで、キッチンを利用する頻度は高いもの。そのキッチンから庭が見えるようにすると、家事のみならず生活全般が気持ちよくなる。庭はハーブや野菜を育てるキッチンガーデンとしても利用できる

庭は建物で囲むと落ち着く

L字形プランや雁行プランによってできる敷地の余白部分を庭にすると、小さな敷地でも庭の奥行きを確保しやすい。また、庭の一部が建物で囲われることで安定感が増し、居心地がよくなる。

駐車スペースは庭の眺めを妨げないように、かつ、玄関からアクセスしやすい位置に配置する

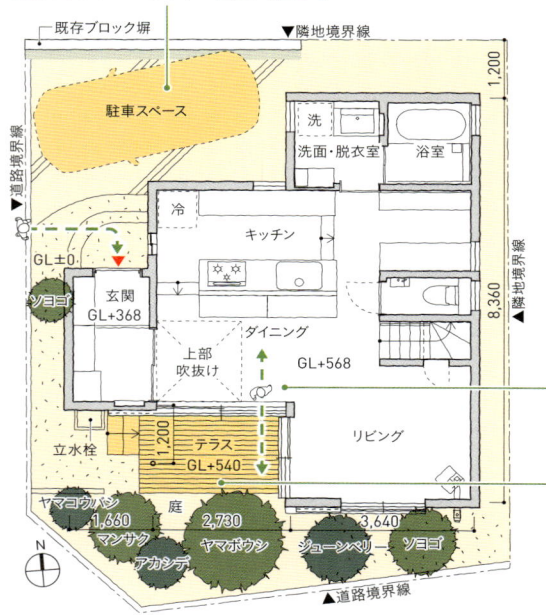

既存ブロック塀
▼隣地境界線
道路境界線
1,200
駐車スペース
洗
洗面・脱衣室
浴室
冷
キッチン
隣地境界線
8,360
GL±0.
玄関 GL+368
ソヨゴ
ダイニング
上部 吹抜け
GL+568
立水栓
1,200
テラス GL+540
リビング
ヤマコウバシ
1,660
マンサク
アカシデ
庭
2,730
ヤマボウシ
3,640
ジューンベリー
ソヨゴ
N
▲道路境界線

平面図[S＝1:150]

テラスのデッキ材はヒノキを用い、やさしい印象とした。デッキ材として一般的なハードウッドに比べて耐久性は劣るため、年に1回程度、木材保護塗料を塗り直すとよい

テラス床と室内床の高さを近づけると、行ったり来たりがよりスムーズに。室内からそのまま裸足で出て使うには、屋根を設けるとなおよい

建物形状を雁行させることで、奥行きと落ち着きのある庭スペースを確保できる

庭を囲む板塀を省略し、約40万〜50万円のコストを削減した。開放的な庭で、建築主は道行く人とのコミュニケーションを楽しんでいる

春の訪れを庭にいち早く知らせる
マンサク

マンサク科の落葉広葉樹（高さ2〜10m）。花期は2月〜4月。日本の山林に自生しており、日当りのよい場所から半日陰の場所まで植えることができる

解説：島田貴史「かどにわハウス」所在地：東京都、建物写真：伊藤夕歩、建物設計：しまだ設計室、造園：ワイルドグリーン

表に華やかな庭、裏にプライベートな庭

建物を「く」の字に配置して敷地を二分すると、道路側に開く前庭と、道路から見えにくいプライベートな裏庭ができる。道路側の見せる前庭には、高低差や起伏を設けると華やかさが増す。

オリーブやアオダモなど、ロックガーデンに合う樹木を選定。店舗サインを掛けた外壁（写真左側）に、アカマツの影が映える

花壇の寄せ植えのアクセントに

フェスツカグラウカ

イネ科の常緑多年草（高さ0.2〜0.5m）。花期は6月〜7月。シルバーブルーの葉を針山のように地面に広げる。乾燥に強く、ロックガーデンなどに適している

樹の根元にスチールサークル（幅200×厚さ6×長さ約2,000mm）を埋め込めば、さり気ないアクセントになる。ここでは黒皮素地とし、さびを楽しむ仕様とした

平面図[S＝1：250]

砂利と芝と庭石による、立体感のあるロックガーデン。きれいすぎない、少し無造作なイメージとするには、庭石の大きさや形はそろえず、砂利と芝の境目などに無造作に配置するとよい

スチールベンチは溶融亜鉛めっきの上、リン酸処理仕上げ。自然な黒っぽい濃淡にすることで（日塗工N-35程度）、ロックガーデンになじむ

下草は庭石の隙間に植えて自然な印象に

住宅側の庭（裏庭）には、LDKと寝室の両方から見える位置にシンボルツリーを植えた

配置図[S＝1：600]

店舗併用住宅の場合、住宅の位置が分かりやすいように門柱（表札・インターホン）を設置するとよい

解説：伊瀬和裕「山手の家 －Palm hair－」所在地：広島県、建物写真：貝出翔太郎、建物設計：テトラワークス、造園：庭屋sora*niwa

狭小でも印象的な
ロックガーデンの
ファサード

狭小地における庭づくりのポイントは、あまりスペースが取れないなかでも、庭でファサード（家の顔）をつくること。草木だけでなく石も使えば、印象的な庭になる。

2階にLDKがあるため、2階高さまである樹高約4mのアオダモを植えた。アオダモは関西では大きくなりにくく、2022年現在、竣工から3年経過したが、当初と同じくらいの大きさを維持している

樹形が自然に整う
シンボルツリー
ハナミズキ

ミズキ科の落葉広葉樹（高さ5〜10m）。花期は4月〜5月。花びらに見える部分は総苞片と呼ばれる。気温があまり高くならない春は散りにくいので、鑑賞を長期間楽しめる。中庸樹

境界に塀を立てるのではなく、石を置いて緩やかに区切ることで、街に対して開放的な庭となる。石は崩れ積み（面をそろえた仕上がりではなく、山の石が崩れて重なってできたような、野趣のある石積み）をイメージして施工

平面図[S＝1：250]

石は造園家のストックから和束石（京都府南部）などを使用。一番大きな石は3.5tの重量がある。金魚を飼える手水鉢も設置

キーワードは「素材感」と「オーガニック」。建築主が希望したハナミズキを中心に、さまざまな樹種・樹形を交ぜることで、四季の変化を楽しめる。ヤマボウシは初夏に白い花を咲かす、モミジは秋に紅葉する。アオダモは新緑と樹形を楽しむ。下草のシジミバナ、コバノズイナは春に小さな白い花を咲かせ、西洋アジサイ・アナベルは梅雨の季節を彩る。グラウンドカバーのクリスマスローズ［172頁］は冬に花を咲かせ、シャガは春、ギボウシは初夏、ムーレンベルギアやペニセツムハメルンなどのグラス類は秋が見ごろ。ヤブコウジの赤い実は冬に彩りを与えてくれる

解説：辰己耕造「オセロハウス」所在地：大阪府、建物写真：西川公朗、建物設計：中西正佳建築設計事務所、造園：グリーンスペース

外周壁で囲んだ
アプローチで
コートハウス風に

プライバシー保護の観点から、コートハウスで中庭を設けたいという要望は多い。しかし、コートハウスをつくるには広い敷地が必要になる。狭小地の場合は、奥行きを抑えた庭と外周壁を組み合わせることで、コートハウスのようなプライバシー性の高い庭ができる。

南北を貫くアプローチには、正午ごろにきれいな光が差し込む。リビングからの眺めを左右する大きなコンクリート壁は、小たたき仕上げで柔らかい印象とした

アプローチの隣地側に2層分のコンクリート壁を設けると、プライベートな空間ができる。足元には日陰に強いシダを配植。アプローチとLDKを大開口でつなぐと、室内からはコートハウスのような印象となる

2階個室。外周壁にツタを這わせれば、2階の窓からも緑を楽しめる

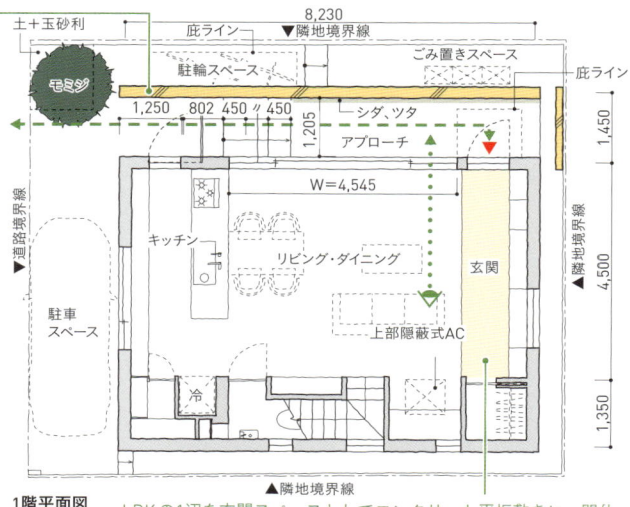

1階平面図
[S＝1：150]

LDKの1辺を玄関スペースとしてコンクリート平板敷きに。間仕切壁は設けずLDKと一体にすることで、広く感じられる

解説：八島正年・八島夕子「東玉川の家」所在地：東京都、上建物写真：鳥村鋼一、下建物写真：石曽根昭仁、設計：八島建築設計事務所

外部物置を緑化する

庭は、地面だけでなく、屋根にもつくることができる。とはいえ、漏水は心配。そんなとき、外部物置の屋根を緑化すれば、便利で野趣を感じられる庭ができる。

黒土は盛り上げ、部分的にススキなどを植える。これは、古くより茅葺き屋根の棟部分には草が植えられ、その根で棟を固定していたように、屋根の土を抑えるため。ススキやカキツバタ、イチハツは土が少なくても育つので好適。緑の高低をつける意匠的な役割もある。草の実生（植物を種子から育てること。また、種子から発芽したばかりの植物のこと）を楽しみながら1年間は伸び放題にし、冬期にノシバを刈り込む

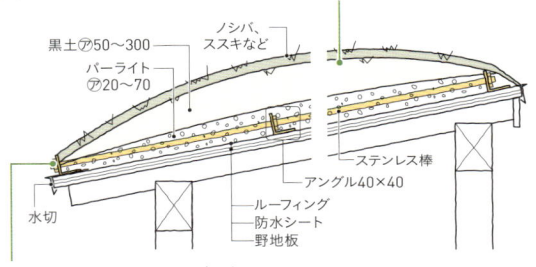

黒土⑦50〜300　ノシバ、ススキなど
バーライト⑦20〜70
ステンレス棒
アングル40×40
ルーフィング
防水シート
野地板
水切

屋根断面スケッチ図

黒土の滑り止めとしてアングルをステンレス棒で固定。軒先の縁取りにもなるため、さびる素材を用いて木の外部物置になじむようにしている

2間×1間半のあずまや風の外部物置。柱・梁は枕木、外壁はレッドシダー、内壁は土塀荒塗り仕上げ。内部には洗面台を設置し、下水は土中に浸透させている

解説：藤倉陽一　「武蔵府中の庭」所在地：東京都、建物写真：藤倉陽一、造園：藤倉造園設計事務所

バルコニーに 花置き台を設ける

ヨーロッパの住宅などでよく見られるウィンドウボックスは、窓辺を彩り、人の気持ちや街の風景に温かさを与えてくれる。窓辺に限らず、バルコニー壁にちょっとした花置き台を設けるだけでも、きれいな花が目を楽しませてくれる。

シラカバ

樹皮の白と、葉の緑のコントラスト
シラカバ

カバノキ科の落葉広葉樹（高さ10〜20m）。花期は4月〜5月。冷涼地に自生するが、園芸品種「ジャクモンティー」は暖地でも育ち、美しい白い幹を楽しめる

狭小地だが、駐車スペースとアプローチを兼ねた庭をつくった。シラカバ、カツラ、ヤマボウシ、キンカンと、両隣に生えている記念樹のカシやソヨゴも混ざり合い、雑木林のような雰囲気に。バルコニーに視線を上げると、花置き台に飾られたピンクの花を楽しめる

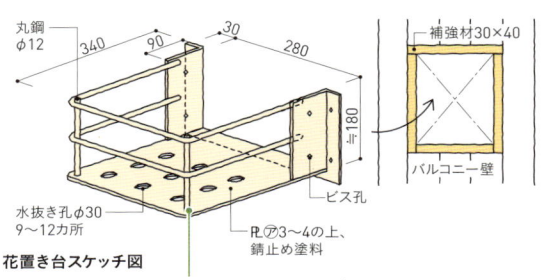

丸鋼φ12　340　90　30　280
補強材30×40
≒180
バルコニー壁
水抜き孔φ30
9〜12カ所
ビス孔
PL⑦3〜4の上、錆止め塗料

花置き台スケッチ図

バルコニー壁に280mm角程度の孔をあけ、プレート金物と丸鋼で製作した花置き台を補強材にビス留めする

バードバスの
わずかな水で
潤いのある庭をつくる

バードバス［83頁］は水浴びをする野鳥を呼び込むほか、室内にいながら水面に反射する自然光や、水の波紋、風の揺らぎを感じることができる。わずかな水量で維持管理しやすいので、小さな庭にも取り入れやすい。

造園は、玄関の通り土間とリビング・ダイニング両方からの景色を考慮して計画。地面の起伏や三和土の曲がり具合、植栽の樹種や向き、バードバスなどを造園家がつくりながら、全体のバランスをみて配置を決定した

シェードガーデンに適した低木

サルココッカ

ツゲ科の常緑広葉樹（高さ0.3〜2m）。花期は2月〜3月で、芳香性の高い小さな白花を咲かせる。半日陰地を好む陰樹。中〜低木の根締めに向く

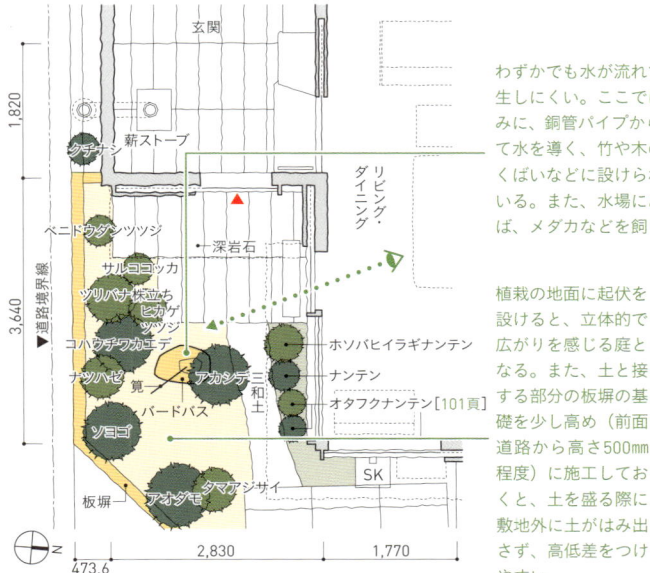

平面図［S＝1：100］

玄関
1,820
薪ストーブ
クチナシ
ベニドウダンツツジ
サルココッカ
ツリバナ株立ち
ヒカゲツツジ
コハクチワカエデ
ナツハゼ
ソヨゴ
筧
バードバス
板塀
アオダモ
タマアジサイ
深岩石
リビング・ダイニング
ホソバヒイラギナンテン
ナンテン
オタフクナンテン［101頁］
アカシデ
三和土
SK
▲道路境界線
3,640
2,830　1,770
473.6

わずかでも水が流れているとボウフラが発生しにくい。ここでは自然石の小さなくぼみに、銅管パイプから筧（地上にかけ渡して水を導く、竹や木の樋。茶庭の露地のつくばいなどに設けられる）で水を落としている。また、水場にある程度の深さがあれば、メダカなどを飼うのもよい

植栽の地面に起伏を設けると、立体的で広がりを感じる庭となる。また、土と接する部分の板塀の基礎を少し高め（前面道路から高さ500mm程度）に施工しておくと、土を盛る際に敷地外に土がはみ出さず、高低差をつけやすい

通り土間室内からの庭の景色

解説：赤沼修「樫の木を望む二世帯住宅」所在地：東京都、建物写真：吉田香代子、設計：赤沼修設計事務所

「水」の存在を
感じる庭をつくる

庭に水盤を設けると、水のある暮らしを満喫できる。夏場は水に足を浸して涼んだり、自然光の反射や吐水口から注がれる水音を楽しんだりできる。ただし、ボウフラの発生防止策や、水面に浮かぶ塵や落葉などへの対策は必要である。

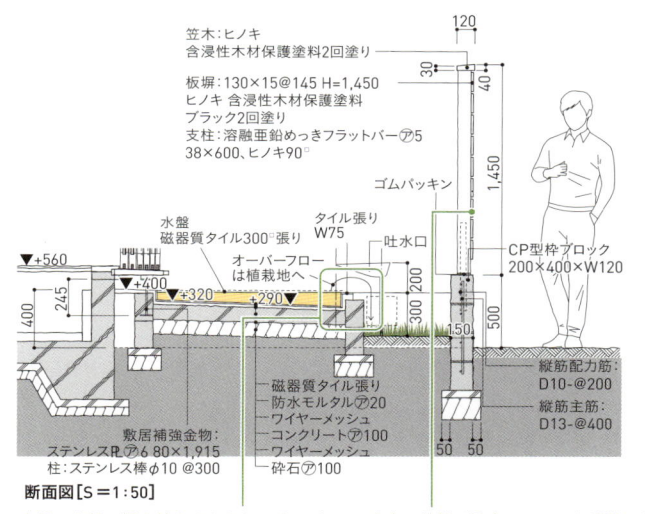

笠木：ヒノキ
含浸性木材保護塗料2回塗り

板塀：130×15@145 H=1,450
ヒノキ 含浸性木材保護塗料
ブラック2回塗り
支柱：溶融亜鉛めっきフラットバー⑦5
38×600、ヒノキ90°

ゴムパッキン

水盤
磁器質タイル300°張り

タイル張り
W75

吐水口

オーバーフロー
は植栽地へ→

CP型枠ブロック
200×400×W120

▽+560
▽+400
+320
245
400
+290

120
30
40
1,450
200 200
300
500
150

縦筋配力筋：
D10-@200

縦筋主筋：
D13-@400

磁器質タイル張り
防水モルタル⑦20
ワイヤーメッシュ
コンクリート⑦100
ワイヤーメッシュ
砕石⑦100

敷居補強金物：
ステンレスPL⑦6 80×1,915
柱：ステンレス棒φ10 @300

50 50

断面図[S＝1：50]

庭側の水盤の縁を越えるかたちでオーバーフローを確保。水面の塵などの浮遊物は、自然と排除されて水が浄化される、プールのようなつくりにするとよい

水庭の外側は駐車スペースと道路になっていて人通りが多い。その場合は、板塀のルーバー（130×15mm）の隙間を15mmと細めに設定し、外部からの視線をコントロールするとよい

**晩秋から冬にかけて
赤い実を付ける
ヤブコウジ**

サクラソウ科の常緑広葉樹（高さ0.1〜0.3m）。花期は7月〜8月。日陰や寒さに強く育てやすい。鉢植えやグラウンドカバーに向く

イロハモミジ株立ち

オオモミ株立ち

ヤブコウジ、ヤブラン、
ムラサキシキブ、ホソバ
ヒイラギナンテンなど

ダイニングから見える水庭越しの板塀がスクリーンとなり、水と緑の空間を演出している

水庭が建物の下に入り込んでいるように見せるため、水盤を建物基礎に近接させて配置している

解説：島田貴史「ミズニワハウス」所在地：埼玉県、建物写真：西川公朗、設計：しまだ設計室

警戒心の強い 野鳥を観察する ための庭づくり

野鳥が寄りつく庭をつくるには、①猫やカラスに狙われにくい見通しのよい水場の存在、②鳥が入って来られるルートと、危険を察知して逃げる際に助走できる長いスペースの設定、③大小さまざまな植栽、などの条件が挙げられる。

野鳥が脱出する際に使用する長いスペースは、玄関へのアプローチと兼用。雑木林の庭を散策しながらゆっくりと下り、700mmほど掘り下げた玄関に向かう。写真奥の簾の下に池がある

根張りが美しく 実は野鳥に人気
エノキ

アサ科の落葉広葉樹（高さ7〜26m）。花期は4月〜5月。ケヤキやムクノキに比べて乾燥や潮風に強い。9月〜10月に付ける実は野鳥に好まれる

野鳥が水浴びをするための池を庭の端に設置。金魚やドジョウが泳いでいる。日除けとカラス避けのため、池に簾を差し掛けている

壁：
石膏ボード⑦12.5寒冷沙
パテしごきの上、EP
防湿シート（外壁に面する部分）

190　110

660

鴨居：
ベイマツピーラー45×535

パネルヒーター
リビング

コンクリート庭：
下地処理の上
アクリルウレタン塗装

窓台：
ベイマツピーラー
35×490

床：
絨毯敷き⑦9
下地フェルト⑦9
下地合板⑦12
パーティクルボード⑦24

1,650

950
300

1,650

断熱補強（1階床）：
発泡ウレタン吹付け⑦25

1,700

断面図[S＝1：100]

野鳥観察用の大きな窓をリビング前に設置。近隣からのプライバシーを確保し、かつ野鳥が寄りつく低い塀とするには、床を700mmほど掘り下げ、塀の高さを1,650mmに抑えるとよい

庭を元来の植生に戻すことで、トカゲや虫がやって来て、雑草も茂る雑木林の庭に。ここではエノキや、ニシキギなど野鳥が好む実がなる木も多種植えている

解説：八島正年・八島夕子「おおたかの森の家」所在地：千葉県、建物写真：鍵岡龍門、設計：八島建築設計事務所

バードバスは
水深と設置位置に
注意

バードバス［83頁］は野鳥を庭に呼び寄せるための水場である。野鳥が水を飲んだり水浴びしたりする様子を楽しむための水深は、20〜30mm程度。リビングのソファなどから見える位置に設け、庭の雰囲気になじむものにするとよい。

既製品（輸入品）

皿

台座

欧州からの輸入品で大理石製。台座と皿に分かれる。バードバスは、もともと欧州で親しまれてきたもので、大理石製、鋳鉄製などさまざまなタイプがある。高さは400〜800mm、皿の大きさはφ300〜400mmが多い

再利用品

旧家の束石を再利用したバードバス。年月を経た風合いを楽しめる。筧は御影石の石切り場の端材を利用

自然石加工品①

花崗岩の一種である庵治石（香川県高松市東部の庵治町・牟礼町で産出される石）を、石工がビシャン仕上げ（ビシャンという突起が付いた槌でコツコツと叩く仕上げ方法）で加工したもの。溜まった水をほうきなどで毎日掃き出し、新しい水を深さ20〜30mm程度溜める

自然石加工品②

御影石の山石に手加工でへこみをつくったもの。筧にはφ30mmの銅管を使用。筧を設ける場合は、あふれた水の排水策も講じておく。ここではバードバスを池のなかに設置している

現場製作品

現場製作風景

給水管

湧き水が出ているようにする場合（左写真）は、バードバスの位置にフレキパイプの給水管を立ち上げておき、現場でコンクリート製のバードバスを製作する（右写真）。フレキパイプの凹凸がコンクリートに食い込むことで、水漏れが起きにくい。ワイヤーメッシュで骨格をつくり、ラス網を張り、生コンクリートで成形する

眺めるだけの庭ではもったいない。仲間で集まって楽しみたい。
人が集まる部分の床には、泥汚れを軽減できる仕上げ材を施す
とよい。椅子やテーブルは、砂利敷きだと安定しにくい。レンガ
敷きならばDIYで施工でき、汚れても清掃しやすい。

レンガ敷きの中庭。雨水が溜まらないように、レンガの間には砂利敷きの側溝を設けるとよい

DIYの レンガ敷きで
集いやすい庭にする

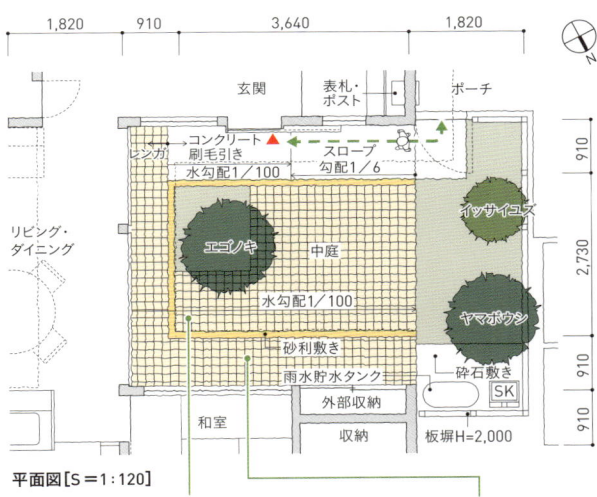

平面図[S＝1：120]

| 玄関 | 表札・ポスト | ポーチ |

コンクリート刷毛引き
水勾配1／100

スロープ
勾配1／6

レンガ

リビング・ダイニング

エゴノキ

中庭

水勾配1／100

イッサイユズ

ヤマボウシ

砂利敷き
雨水貯水タンク

砕石敷き
SK

和室

外部収納

収納

板塀H＝2,000

1,820　910　3,640　1,820

910　2,730　910　910

バーベキューなどの調理を行うならば、汚れても清掃しやすいレンガやタイルにしておくと便利。ただし、タイルは土間コンクリートの上に張るので、敷き砂の上に並べるレンガに比べてコスト増となる場合も

レンガはDIYでも対応できるが、平滑に、かつ水勾配を必要とするので、施工に注意

**小ぶりで
庭木として植えやすい
イッサイユズ**

ミカン科の常緑広葉樹（高さ1.5〜5m）。花期は5月〜6月。かんきつ類のなかでは寒さに強く、庭木向き。通常のユズと異なり、育て方次第で1年目から収穫が可能

リビング・ダイニングから中庭を見る。レンガは素朴な風合いで耐久性があり、植栽ともなじみやすい素材である

ベンチ＋樹木で
居心地のよい
場所にする

庭やテラスでくつろぐ際に、椅子を室内から運び出し、終わったらまた片づけるなどの手間を伴うと、室内と庭との心理的な距離が生じてしまう。テラスにベンチがあれば気軽に外に出るきっかけとなる。近づいて眺めたくなるような樹木とセットで考えたい。

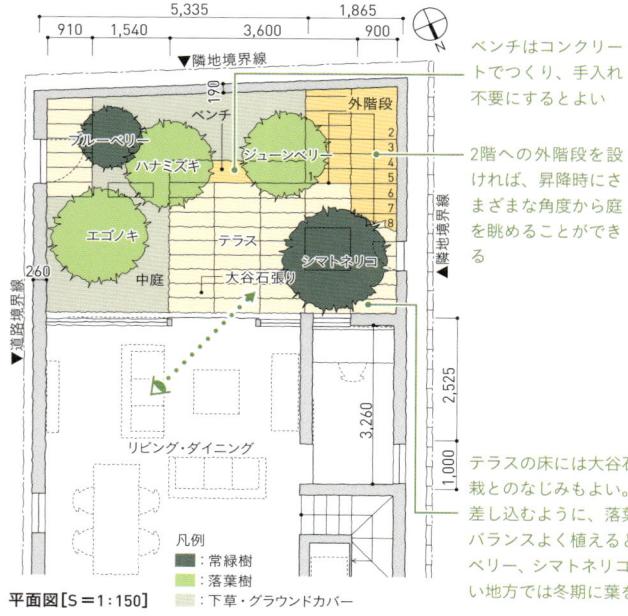

平面図[S＝1：150]

凡例
- ■：常緑樹
- ■：落葉樹
- ■：下草・グラウンドカバー

5,335　1,865
910　1,540　3,600　900

▼隣地境界線

ベンチはコンクリートでつくり、手入れ不要にするとよい

2階への外階段を設ければ、昇降時にさまざまな角度から庭を眺めることができる

ベンチ
外階段
ブルーベリー
ハナミズキ
ジューンベリー
エゴノキ
テラス
中庭　大谷石張り
シマトネリコ
リビング・ダイニング

実だけでなく
真っ赤な紅葉も魅力
ブルーベリー

ツツジの科の落葉広葉樹（高さ1〜3m）。花期は4月〜5月。枝が真っすぐ伸びる直立性品種と、横に広がる開帳性品種がある。庭のスペースに応じて選択したい

テラスの床には大谷石を使用。経年変化が楽しめ、植栽とのなじみもよい。また、樹木は木漏れ日が美しく差し込むように、落葉樹の間に常緑樹が点在するようバランスよく植えるとよい。ここで用いているブルーベリー、シマトネリコは、温暖な地では葉が残るが、寒い地方では冬期に葉を落とす

庭に面する開口部は室内と庭との連続感を強めるため、天井高までの木製掃出し窓に

紅葉と花が楽しめるハナミズキ、実が楽しめて野鳥を呼び寄せるジューンベリーなど、四季の変化が楽しめる樹木の庭にするとよい

解説：八島正年「武蔵野の家」所在地：東京都、建物写真：目黒伸宜、設計：八島建築設計事務所

日当りのよい屋上を家庭菜園にする

地上に庭を設けることが難しい場合は、屋上に設けるのも一手。日当りがよいので家庭菜園にも適する。菜園スペースが大きいと軽量土壌を用いても建物への荷重負担が増すので、建物計画時に構造設計事務所と打ち合わせしておくとよい。

強風時に土や葉が近隣に飛散する可能がある点を、事前に建築主に説明し、対応策などを相談・検討しておく

敷地いっぱいに建物を建てる場合、地上に庭を設けることは難しい。その場合は屋上庭園を検討したい

夏の家庭菜園の定番 ミニトマト

ナス科の多年草（高さ1.5m）。早春の種まきから夏の収穫までは約2カ月を要する。強い光と乾燥した場所を好む。プランター栽培の場合は、摘芯で高さを抑える

陸屋根：
FRP防水（防火認定）トップコート塗布
ケイ酸カルシウム板⑦12
野地板コンパネ（ラーチ）⑦12
勾配根太 45×105@303
構造用合板⑦24
高性能グラスウール14K⑦155

屋上緑化用パーライト⑦400程度
耐根シート＋
排水用軽石⑦50

笠木：
ガルバリウム鋼板⑦0.4折り曲げ

天井：石膏ボード⑦12.5の上、石膏プラスター左官塗り

寝室

菜園スペース

FRP巻込み

屋上テラス

手摺：スチールφ48.6
溶融亜鉛めっき仕上げ

600

石膏ボード⑦12.5の上、石膏プラスター塗り

吹抜け

2,465
470

断面図[S＝1：100]

菜園スペース内には防水層を保護するため、耐根シートを敷設し、屋根勾配と同じ水勾配を設定。また、屋上のコーナー部分に設置した排水口は土などで目詰まりを起こさないよう土と区画し、目視できる位置に設置する

菜園の深さは植える野菜によって決まるので、何を植えたいか事前に建築主に確認しておく。根菜には300mm以上の深さが必要になるので要注意

オーバーフロー管

排水口

排水溝

菜園スペース

水勾配

木下地の上、FRP巻込み

屋上テラス

手摺

笠木：ガルバリウム鋼板⑦0.4折り曲げ

2,420
1,500
120
1,800
2,855
1,700
910
1,000
460

屋上平面図[S＝1：120]

菜園スペースを屋上の隅に寄せて設けると、奥側の手入れがしにくい。菜園スペースの周りを歩けるように、中央に寄せて配置すれば作業性がよくなる

棚畑 の 植 栽 を アイストップに 用 いる

塀を設けず建物を道路に向かって開く場合、道路を行き交う人と視線が交わらないような対策が必要。ここでは棚畑のような庭を設けて距離感をコントロールしている。

前面道路から棚畑の庭を見る。段ごとにさまざまな植栽が植えられているため、自ずと視線がそこに向く

植栽を野草が自然に生えている雰囲気にするには、グラウンドカバーとしてクローバーと芝の種を、大きめの木としてオオデマリ、コデマリ、メグスリノキなどを植えるとよい

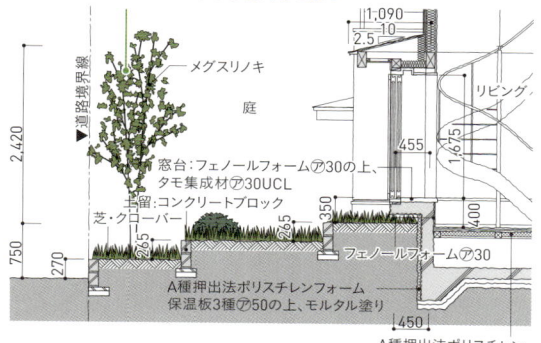

▼道路境界線

メグスリノキ

庭

リビング

1,090
10
2.5
455
1,675
350
265
400
2,420
750
270
450

窓台：フェノールフォーム⑦30の上、タモ集成材⑦30UCL
土留：コンクリートブロック
芝・クローバー
フェノールフォーム⑦30
A種押出法ポリスチレンフォーム保温板3種⑦50の上、モルタル塗り
A種押出法ポリスチレンフォーム保温板3種⑦65

断面図[S＝1：100]

解説：メグロ建築研究所「棚畑ハウス」所在地：東京都、建物写真：鳥村鋼一、建物設計：メグロ建築研究所、造園：戸村英子

樹皮の汁は
漢方薬に使われていた
メグスリノキ

ムクロジ科の落葉広葉樹（高さ10〜20m）。花期は5月。半日陰が適しているが、日なたでも耐える。植植えの場合は根を張りにくく、高さは約4mに留まる

クローバーの築山で「野原」をつくる

敷地と前面道路に高低差がある場合は、築山を設けて建物への視線を回避するとよい。ここではクローバーを敷き詰めて野原の築山をつくっている。

公園の緑地や河川敷でおなじみ
シロツメクサ

マメ科の常緑多年草（高さ〜0.3m）。花期は4月〜9月。クローバーの一種。丈夫な性質をもち、茎が地を這うように横に広がる。グラウンドカバーや雑草の抑制に使われる

じゃかごの塀には門柱の機能を兼ねさせることもできる。表札やインターホン、ポスト、照明器具を金網に溶接で固定。ここではインターホンを高さ1.35m程度に設置するため、門柱部分のじゃかごは3段積みとし、ほかの部分では2段積みにして敷地高低差に合わせている

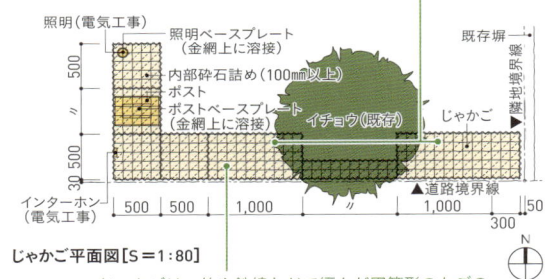

じゃかご平面図[S＝1：80]

じゃかごは、竹や鉄線などで編んだ円筒形のかごのなかに、玉石（たまいし）や割栗石（わりぐりいし）を詰め込んだもの。河川の護岸工事などに用いられる

前面道路からじゃかごの塀を見る。クローバーの築山の雰囲気に合わせて、土留めの塀をじゃかごで製作

解説：比護結子「ナガレノイエ」所在地：千葉県、建物写真：比護結子、設計：ikmo

凹形テラスで視線を気にせず外を楽しむ

籠り感のある庭がほしいなら、外部からの視線をいかに遮るかが重要。塀や植栽で遮るだけではなく、建物をへこませて3方が囲まれた空間を設けるのも一策だ。凹形テラスなら深い奥行きを確保しやすく、壁に囲まれた安心感もあるので、居心地のよいくつろぎ空間が成立する。ただし、窓が多すぎると籠り感が薄れテラスの居心地を損ねてしまうので、壁面もしっかり確保したい。

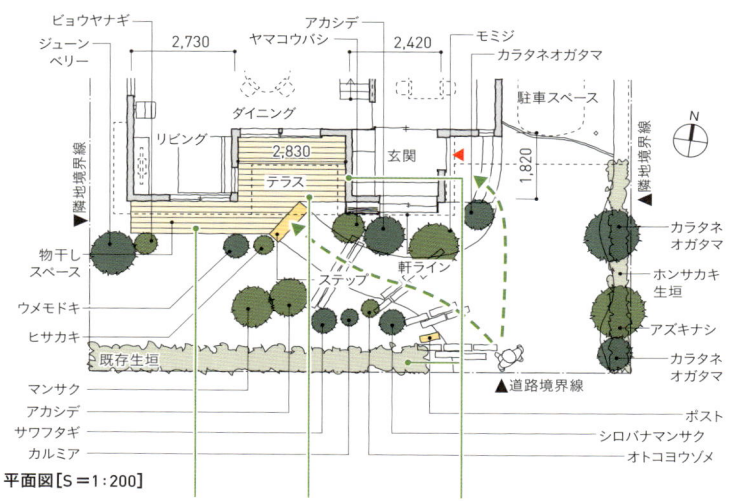

平面図[S＝1：200]

くつろぐためのスペースと分けて物干しスペースを設ければ、外部空間の居心地を損なわない

テラスの下部を土間コンクリートとすれば、雑草が生えず管理も楽

凹形テラスにすることで、外部からの視線はかなり絞られる。加えて、前面道路側を生垣（高さ1,800㎜）と庭の植栽で緩やかに仕切れば目隠しは十分

神事に欠かせない神聖な木　サカキ

サカキ科の常緑広葉樹（高さ3〜12m）。別名ホンサカキ。花期は6月〜8月。日陰に強く植え場所を選ばない。刈り込みに耐えるため、生け垣にも適している

日除けのための軒の出は600〜1,000㎜程度あるとよい。ここでは、テーブルや椅子を並べてくつろげるよう、軒の出は2,300㎜と深め。壁から1,000㎜より先はポリカーボネート板で仕上げ、室内への採光を確保している

解説：島田貴史 「concaveハウス」所在地：埼玉県、建物写真：西川公朗、建物設計：しまだ設計室、造園：ワイルドグリーン

ステップ

小径

テラスの先にステップがあると、庭に下りるきっかけが生まれる。そこからさらにアプローチに向かって小径をつなげれば、より効果的

斜めデッキで
緑を室内に近づける

室内から眺める庭のデザインとして、開口部の近くに植栽を配置したいケースもある。建物に対してデッキを斜めに設ければ、開口部のすぐそばにも植栽が可能だ。

リビングからデッキを見る。開口部付近と塀際に奥行きをもたせて配植することで、庭に広がりをもたらす。開口部や建物付近には、成長が早すぎず、大きくなりすぎないものや、花や実を付けて季節を感じさせるものなどがお薦め。たとえば、ナツハゼやブルーベリー、コバノズイナ、ヤマツツジなど

梅雨の庭を彩る落葉低木
アジサイ

アジサイ科の落葉広葉樹（高さ1.5〜3m）。花期は6月〜7月。病害虫に強く、丈夫で育てやすい。半日陰でも育つ中庸樹。ガクアジサイは原種になる

芝を敷けば、子どもの遊び場やバーベキューなどを楽しむための庭になる。ここでは庭を一部傾斜させているため、芝は土留めの役割も担っている。デッキや自然石は腰かけるためのベンチとして機能する

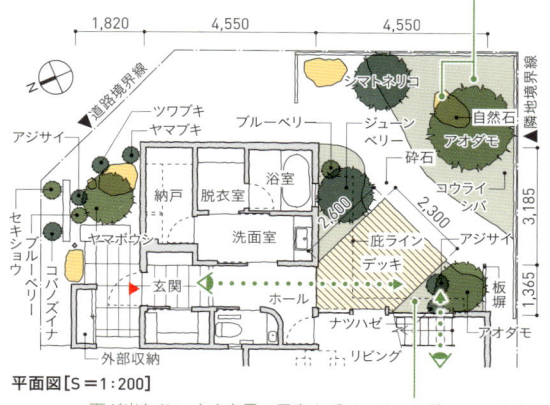

平面図[S＝1：200]

雨が当たりにくく夜露の恩恵を受けにくい日陰では、生育できない植物も多い。そのため、庇の出が深くなるほど植物は建物から離れてしまいがち。ここでは庇の出を600mm程度と浅めに設定して、眺める庭としての機能を優先した

玄関から建物に入ると、デッキと建物との隙間に植えられた落葉樹（アオダモ、アジサイ、ナツハゼ）が目に入る。落葉樹の背景として立てられた板塀は、隣家の窓からの視線を遮る役割も担う

解説：伊瀬和裕「箕島の家」所在地：広島県、建物写真：貝出翔太郎、建物設計：テトラワークス、造園：庭屋 sora*niwa

［資料］庭・テラス

庭を楽しむには、ガーデン資材やその寸法にもこだわりたい。ガーデニングなど外でのアクティビティを外で完結できるよう、水栓などの設備も整備しておくとよい。

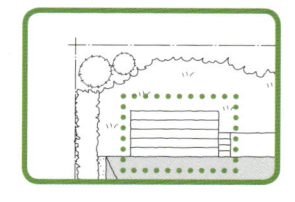

テラス・デッキ・ガーデンファニチャー

テラス・デッキ

室内と屋外をつなぐテラスやデッキ。目的に適したサイズと素材がある［※］。洗濯物を干すには3,600×900mm、2〜3人でお茶を飲む・食事をするには2,700×1,800mm、4〜5人程度が参加するホームパーティーをするには3,600×1,800mm程度あるとよい

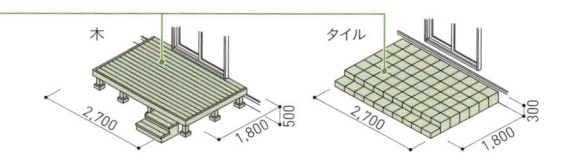

スチール製

700〜800mm角のコンパクトなテーブルは狭い庭でも使いやすい。折り畳みできるタイプを選ぶと使用しない時に収納しやすく便利

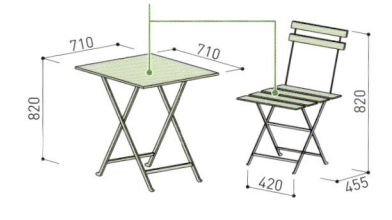

木製

木製の場合、樹種は耐水性のあるチークやユーカリを選び、木材保護塗料を塗布すると傷みにくい

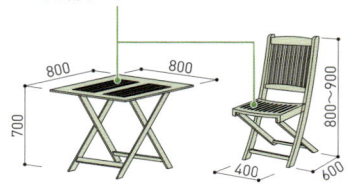

屋外用ソファ・ローテーブル

コーナー用

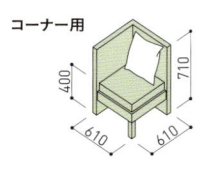

1人掛け

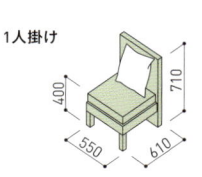

テーブル

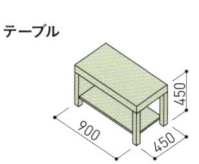

2人掛け

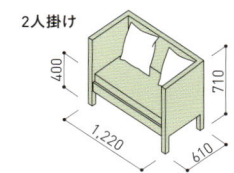

スツール

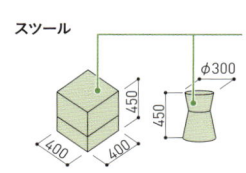

テーブルと椅子をセットで置く広さがない場合も、ちょっとした休憩用にスツールを置くとよい

解説：松下高弘（エムデザインファクトリー）
※ 食事など、長い時間をテラス・デッキで過ごす場合は、日差しの照り返しが比較的やわらかいウッドデッキで、日除けを設置するとくつろぎやすい。耐水性があり掃除しやすいタイルは、水やりや剪定などを行って汚れてもメンテナンスしやすいため、ガーデニング作業を行うのに適している

パラソル

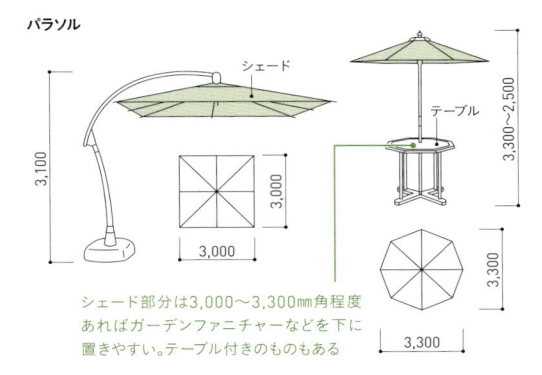

シェード部分は3,000～3,300mm角程度
あればガーデンファニチャーなどを下に
置きやすい。テーブル付きのものもある

オーニング

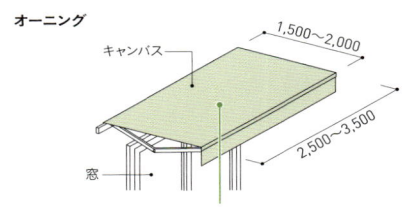

外壁に設置して開閉。日除けや雨避けのほか、隣
家の2階からの視線カットにも使える。キャンバス
部分は2,500×1,500mm程度が室内への日差し
カットの目安

シェード

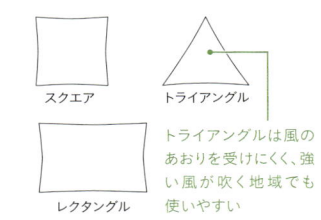

設置したい場所の地面に穴を掘り、パイプを
砕石やモルタルで固定する。そのパイプの中
に支柱を入れ、シェードを紐や金具で取り付
ける。レクタングル、トライアングル、スクエア
などの形状がある[下図]

シェードのバリエーション

スクエア　トライアングル　レクタングル

トライアングルは風の
あおりを受けにくく、強
い風が吹く地域でも
使いやすい

パーゴラ

ツル性の植物を絡ませて日
除けとするために、屋根を格
子状に組んだ構造物

シェードを取り付ければ、植物が
育っていなくても日除けとして使用
できる。テラスへの設置がお勧め

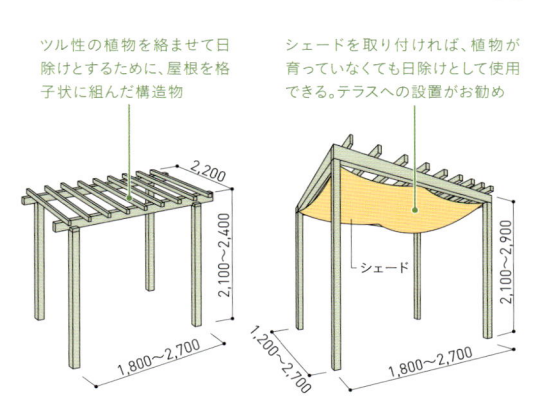

シェード

アーチ

ツル性の植物を絡ませて育てる。
木製のものが多く、木目の見えるオ
イルステイン系の塗装仕上げをす
ると自然な風合いで長もちする

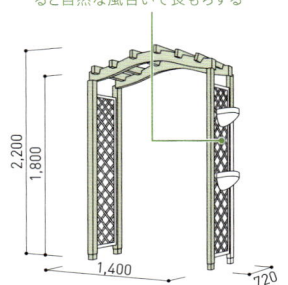

植木鉢・プランター

植木鉢

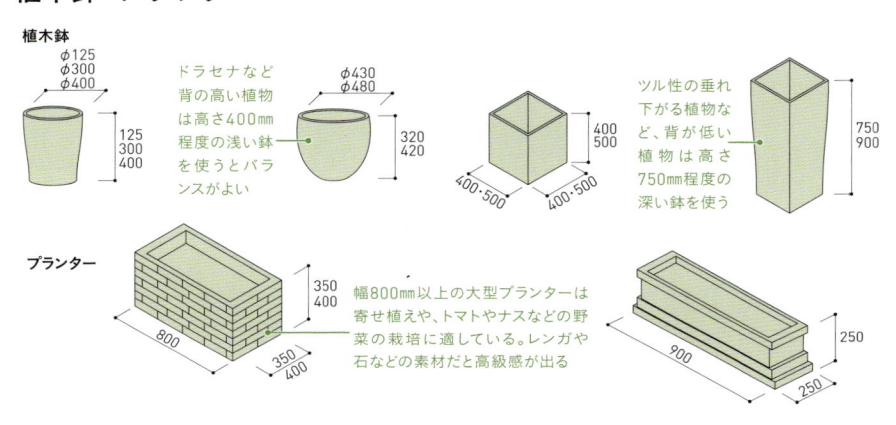

φ125
φ300
φ400

125
300
400

ドラセナなど背の高い植物は高さ400mm程度の浅い鉢を使うとバランスがよい

φ430
φ480

320
420

400・500
400・500

400
500

ツル性の垂れ下がる植物など、背が低い植物は高さ750mm程度の深い鉢を使う

750
900

プランター

350
400

800

350
400

幅800mm以上の大型プランターは寄せ植えや、トマトやナスなどの野菜の栽培に適している。レンガや石などの素材だと高級感が出る

900

250

250

水栓・バードバス

立水栓

水栓柱を防腐加工した木でつくると、庭の景色になじみやすい。排水廻りも石やタイルなど水に強い自然素材にするとより意匠性が高まる

既製品

コンクリート

600〜650

造作

石

700〜900

700〜800

400〜600

シャワー・ホース

散歩後の犬の足を洗う際などにも使用できる設置高さが低いタイプもある

175　285

120

85

380

φ15

50

140

2,250

970　140

960

建築主がサーフィンを趣味としている場合、活動後に室内に汚れを持ち込まないため、屋外に温水が出る混合水栓のシャワーを設置するケースが多い[※]

ガーデンシンク

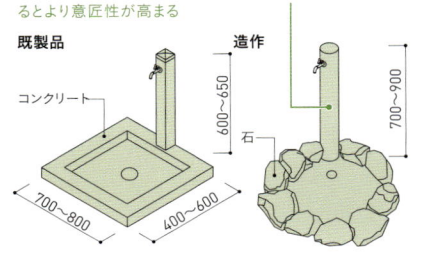
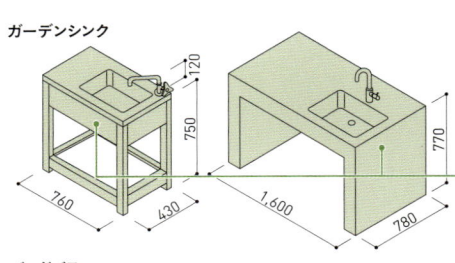

120

750

770

760

430

1,600

780

狭い庭ではコンパクトで下に物を置けるタイプ、広い庭では作業スペースが広いカウンタータイプを選ぶとよい。腰をかがめずに使える750mm程度の高さにすると身体への負担が少ない

ホースリール

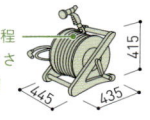

450mm角程度の大きさが一般的

415

445　435

バードバス

410

760

200〜400mm角程度の広さと20mm程度の深さ、耐水性があれば、バードバスの素材は何でもよい

既製品

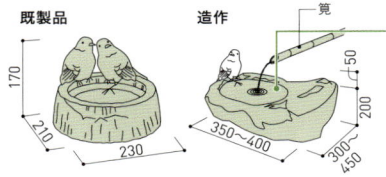

170

210
230

造作

筧

50

200

300
450

350〜400

造作で筧をつける場合は、水面から吐水口までの高さを50mm程度にするとよい[71頁]

解説：松下高弘（エムデザインファクトリー）
※ ボックス型のシャワーユニットを設置する場合、事前に搬入経路の幅を確認しておく

家具の寸法まで考えた庭・デッキ

アウトドアブランド監修の "野遊びできる家"

「暮らしのなかで気軽に自然を楽しみたい」と、キャンプなどのアウトドアを楽しむ人が増えている。そんななか、家づくり・街づくりのデザインをアウトドアブランドのスノーピークが監修するプロジェクト「野きろの杜」［※］が始動。このプロジェクトでは、街並みに統一感をもたせながら、各住宅の庭でアウトドアを楽しめるように設計のガイドライン（建物の高さや隣地境界線からの後退距離、外壁の素材、エアコン室外機の位置やカーポート・物置の種類など）を細かく設けている。ここでは、「野きろの杜」の分譲戸建住宅（新潟県）の推奨仕様例を紹介する。

「野きろの杜」の戸建て住宅では、「ウッドデッキ」「土間リビング」「庭」の3つのなかから、1つ以上を取り入れることになっている。「ウッドデッキ」プランの場合、デッキは13㎡以上が基準。2家族が集まってバーベキューが楽しめる広さ

軒の出は840〜910mmに規定。冬は太陽光を採り入れて、夏には太陽光が入らないようにできる。また、夏場でもデッキで快適に過ごせるよう、外壁にシェードを取り付けるための金具を設置している

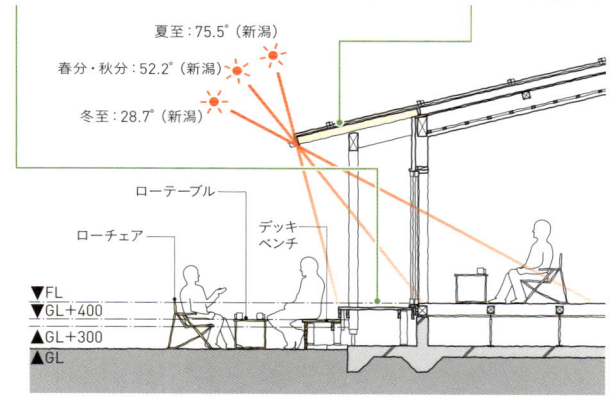

夏至：75.5°（新潟）
春分・秋分：52.2°（新潟）
冬至：28.7°（新潟）

ローテーブル
ローチェア
デッキベンチ

▼FL
▼GL+400
▲GL+300
▲GL

断面図［S＝1：100］

外構プランの考え方

住宅の敷地は東もしくは西が道路になるように配置。庭は日当りのよい南側に設ける

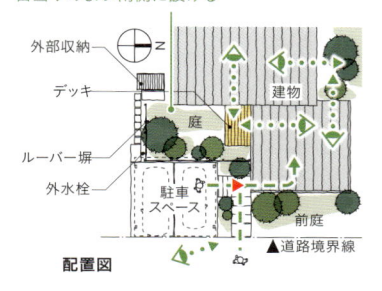

外部収納
デッキ
ルーバー塀
外水栓
建物
庭
駐車スペース
前庭
▲道路境界線

配置図

住戸の裏手には幅3mの緑道が通り、住民どうしの交流を促すためにベンチや共有のハーブ園を設けている

解説：石田伸一「野きろの杜 戸建住宅」所在地：新潟県、推奨仕様設計：石田伸一建築事務所
※ 新潟市西蒲区和納地区の街づくりプロジェクト。新潟土地建物販売センターと石田伸一建築事務所、スノーピークの3者が協働でコンセプトづくりを行っている。2022年1月より販売開始

"野遊び"を楽しむための「快適基準寸法」

「快適基準寸法」とは、スノーピークが長年の商品開発で培ってきた寸法体系。下図の4通りのキャンプスタイルに合わせて、椅子や机などのアイテムの高さが設定されている。この設定寸法が、デッキを敷設し

たアウターリビングの仕様を決める基準になるのだ。「野きろの杜」ではスノーピーク監修の下、庭やデッキ・テラスなどでバーベキューや焚き火を楽しむために必要なアイテムが戸建住宅とセットで提案される。

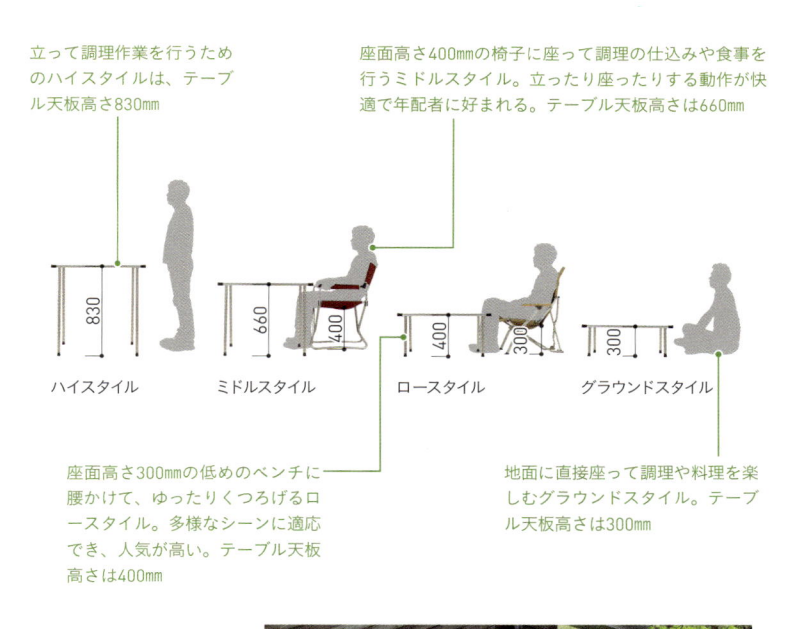

立って調理作業を行うためのハイスタイルは、テーブル天板高さ830mm

座面高さ400mmの椅子に座って調理の仕込みや食事を行うミドルスタイル。立ったり座ったりする動作が快適で年配者に好まれる。テーブル天板高さは660mm

830	660 / 400	400 / 300	300
ハイスタイル	ミドルスタイル	ロースタイル	グラウンドスタイル

座面高さ300mmの低めのベンチに腰かけて、ゆったりくつろげるロースタイル。多様なシーンに適応でき、人気が高い。テーブル天板高さは400mm

地面に直接座って調理や料理を楽しむグラウンドスタイル。テーブル天板高さは300mm

ワンアクション
ローテーブル：H＝400

デッキ：H＝400

アイアングリルテーブル
（ロースタイル）：H＝400

ローチェア30
ブラウン：H＝300

焚き火台L：H＝315

ジカロテーブル：H＝400

「野きろの杜」のウッドデッキプランにおける、スノーピーク製品の配置イメージ（アイテムの組み合わせは仮のもの）。高さ400mmのデッキに合わせ、座ったまま調理や焚き火、会話が楽しめるロースタイルのアイテムが組み合わされる

［開口部］

開口部は、採光や通風などに機能するただの「孔」ではない。時に景色を切り取る額縁となり、時に周囲の視線を制御する盾となるなど、その役割は多様だ。夏には光を遮蔽し、冬には採り込みたいなど、相反する要求にも応えねばならない。その場所に適した開口部をつくるには、位置・形状だけでなく、ブラインドや植栽といった屋外の要素と併せて検討し、四季で変化する外部環境にも適応させることが肝要だ。

行為に応じて外部を切り取る

「ソファでくつろぐ」「机に向かう」「床座で過ごす」など、その部屋で行われる行為に適した開口部の位置・形状を見つけよう

可変の建具でカーテンは卒業

季節やシチュエーションに応じて開口具合を変えられる建具を間に用いれば、大きな塀もカーテンも不要になる

文責：編集部

胸高さの地窓で存在感主役級の廊下になる

廊下を通る時間は短いが、その頻度は高い。「通るだけ」の空間にするのはもったいない。廊下の窓は胸高の地窓にして、庭の景色を大胆に切り取るのが◎。何の味気もなかった往来が、四季折々の庭を楽しむ観賞体験へと変わる。

胸高（1,200mm程度）とすれば、地窓ながらも明るさと開放感のある空間に。玄関に立った時に庭の先まで視線が通るため、廊下の狭さを感じさせない。落ち着いた印象にしたい場合は、腰高（900mm程度）以下に抑えるとよい

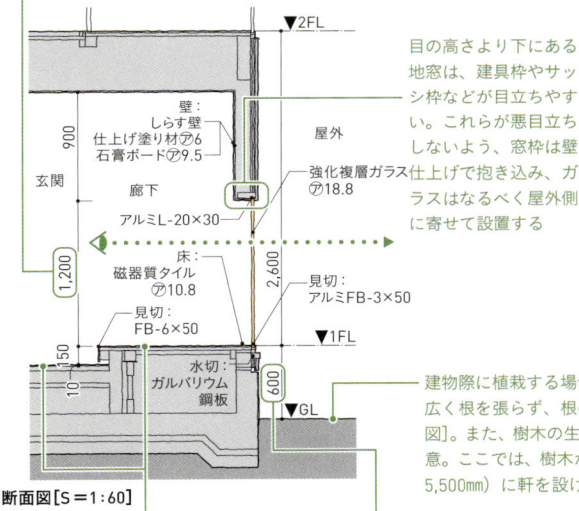

断面図［S＝1：60]

目の高さより下にある地窓は、建具枠やサッシ枠などが目立ちやすい。これらが悪目立ちしないよう、窓枠は壁仕上げで抱き込み、ガラスはなるべく屋外側に寄せて設置する

玄関と廊下は、床仕上げの素材を統一して廊下の閉塞感を軽減。床材を切り替える手間が減り、職人の数も抑えられるので一石二鳥

淡い新緑や繊細な花が庭のシンボルに
トサミズキ

マンサク科の落葉広葉樹（高さ3〜4m）。花期は3月〜4月。日当りのよい場所と適度な湿気を好む。幹は株立ち状になることが多く、野趣に富む庭をつくれる

建物際に植栽する場合、基礎への干渉を最小限とするため、広く根を張らず、根の力も弱い樹種を選びたい［左下平面図］。また、樹木の生育を妨げないよう軒や庇の位置にも注意。ここでは、樹木から十分な高さを確保した位置（GL＋5,500mm）に軒を設けている

FLとGLの差が小さいほど室内外の連続感が高まる。床下換気をとる場合は、木造基礎の標準的な高さ（400程度）を考慮し、最低500mmは確保したい。床下換気をとらない場合は200mmが下限。ここでは、敷地周辺に水路が多いため、水害対策として床高を600mm確保している

平面図［S＝1：300]

ジューンベリー株立ち
ナンテン
グラウンドカバー
ドウダンツツジ
アオダモ株立ち
トサミズキ
アセビ
ソヨゴ株立ち
モミジ株立ち

玄関収納
廊下
玄関
洗面室
浴室

廊下内観。植栽は、地窓で上下が切り取られるため、中高木で幹と下枝の枝ぶりのよい樹種［左平面図］を選定した

魔法の「正方形窓」で植栽をグラフィカルに切り取る

緑豊かな外部環境を室内に取り込みたい。そんなときは正方形の窓で景色を切り取り、絵画のような借景（庭園外の風景を景色の一部として取り入れること、またはその景色そのもの）にしてみよう。家屋や電柱など周囲の余分なものをカットすることで、美しい植栽のみを鮮やかに見せることができる。

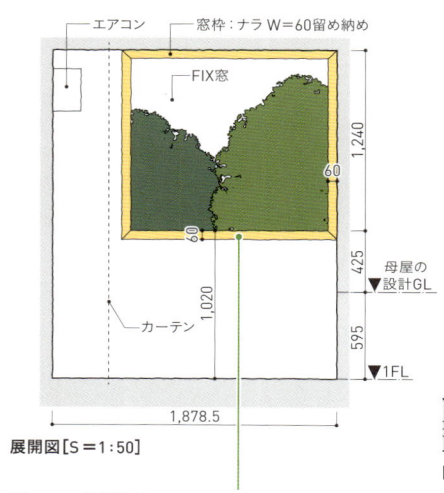

展開図[S＝1：50]

エアコン　窓枠：ナラ W＝60留め納め
FIX窓
1,240　60
60　425　母屋の設計GL
1,020　595　カーテン
1FL
1,878.5

幅60mmの木製枠を、サッシの上から設置。額縁のような存在感を出すことで、枠内の植栽が強調される。敷地周囲の庭を切り取る場合は、隣家や通行人の視線が気にならないよう、設置場所に配慮すること

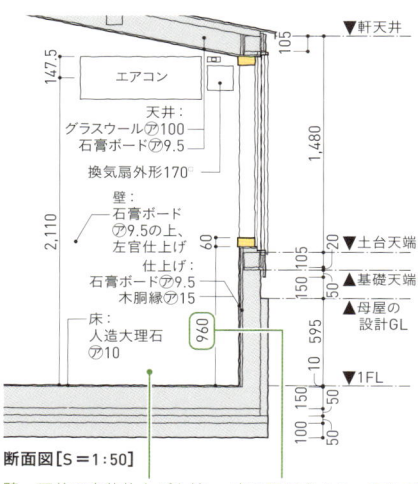

断面図[S＝1：50]

軒天井　105
147.5　エアコン
天井：グラスウール⑦100　石膏ボード⑦9.5　1,480
換気扇外形170
2,110　壁：石膏ボード⑦9.5の上、左官仕上げ
仕上げ：石膏ボード⑦9.5　木胴縁⑦15
60　土台天端　20
150　105　基礎天端　50
150　母屋の設計GL
床：人造大理石⑦10　960
595　1FL
100　150　50
10

壁・天井の内装仕上げを統一すると、植栽がより際立つ。窓枠が悪目立ちしないよう、色合いは茶系統を選ぶとよい

窓の設置高さは、立位でも椅子座でも見やすいFL＋1,000mm程度とした。和室など、床座で過ごすなら地窓もお勧めだ

庭にワークスペース兼子どもの遊び場として離れを増築［131頁］。離れの北側（写真右方向）に窓を設けた。隣地は当該敷地より約2m下がっているため、視線は気にならない

離れ内観。入口から窓外の植栽を見る

解説：鈴木俊彦「五角のハナレ」所在地：兵庫県、建物写真：笹倉洋平（笹の倉舎）、建物設計：SQOOL、造園：モイガーデンデザイン

庭を眺める
リビングなら
コーナー窓

滞在時間の長いリビングには、コーナー窓がお勧め。南東に設ければ2面採光のため日が沈むまで自然光を感じられる。景色も、1面開口に比べて立体的に見える。

リビングのコーナー窓から庭を見る。内装の天井仕上げを軒天井まで連続させることで窓の存在感が抑えられ、屋外にいるかのような印象が生まれる。視界のノイズとなる照明器具は天井にはなるべく設けないか、低い位置に配置するとよい

ペアガラスの突合せ部分は、中間層の封着部が劣化しないよう、ステンレスの金物で押さえる。方立や柱を建てるよりも軽やかな印象に納められる

床は、重厚感のある磁器質タイルで屋内外とも仕上げ、庭との連続性を演出。掃除しやすく、滑りにくいのでペットにもやさしい

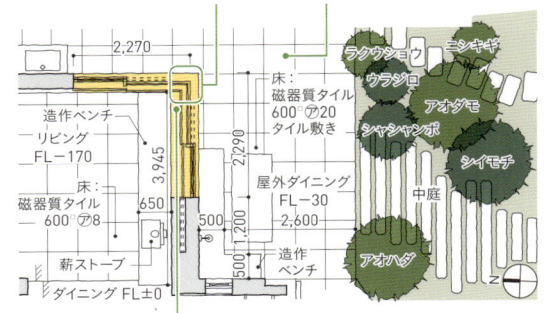

平面図
[S＝1：150]

建設地域によっては、防火規制などでコーナー部の方立を抜けないため注意。ここではコの字アングル（20×24×25㎜）を使用した。既製サッシを使用しない突合せを行う場合、ガラスメーカーの保証が受けられないこともあるため、メーカーに要確認

関西地方の丘陵部に
自生する
シャシャンボ

ツツジ科の常緑広葉樹（高さ1〜10m）。花期は5月〜7月。花や果実はブルーベリーに似ている。日なたへの植栽がベストだが、半日陰でも耐える

解説：八島正年・八島夕子「鎌倉寺分の家」所在地：神奈川県、建物写真：川辺明伸、建物設計：八島建築設計事務所、造園：草花屋 苔丸

視線をかわしながら
庭とつながる

隣家との距離が近い場合は、コーナー地窓とするのも一手。プライバシーを確保しながら、明るさと空間の広がりも同時に得ることができる優れモノだ。

リビング内観。窓高さは床から1,300㎜。室内から見たときに隣家が気にならず、庭とのつながりも感じられる

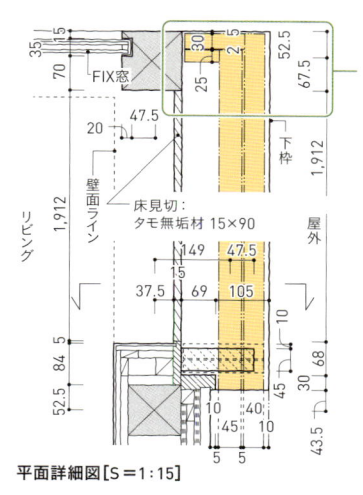

FIX窓と片引き戸が出隅の柱で出会うかたち。片引き戸は開放時の眺望を考慮し、戸を開放した際に柱のみが残るよう建具竪枠の平面形状をL形とした

片引き戸の上下框は、室内側から見えないように隠す（隠し框）。FIX窓との意匠がそろうことで、2つの窓が一体に見え、開放感も大幅アップ

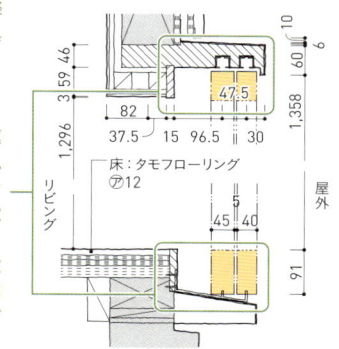

平面詳細図［S＝1：15］　　　　　　　断面詳細図［S＝1：15］

解説：定方三将「法隆寺の住宅」所在地：奈良県、建物写真：平野和司、建物設計：上町研究所、造園：荒木造園設計

猫間障子で
見るも隠すも
自由自在

（ねこましょうじ）

床座で過ごすことの多い和室。その開口部には、障子の下半分を上下可動式とした猫間障子がふさわしい。猫間障子は障子の一種で、障子を閉め切った状態で猫が出入りできるよう、上下または左右可動式の小さな障子（孫障子）を細工したもの。和紙とガラスで採光しながら、内・外双方向の視線を制御し、障子を下ろすことで外気温の影響もやわらげてくれる。

樹高2m前後の中木で、一年を通して花、実、紅葉を楽しめるヒメシャラ［右］や、障子を閉めても繊細な樹形のシルエットを楽しめるアオダモ［170頁］は猫間障子と相性がよい。これらとともに、樹高の低いシャクナゲ［60頁］などを植えると好バランス

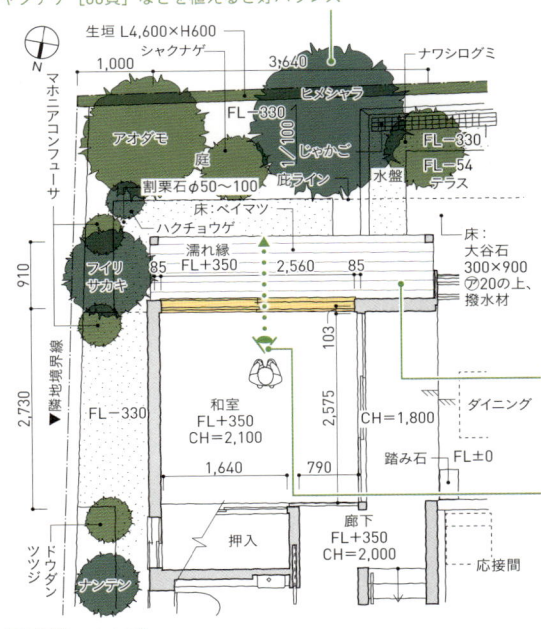

平面図[S＝1:100]

樹皮は日本三大美幹に数えられる

ヒメシャラ

ツバキ科の落葉広葉樹（高さ7〜15m）。花期は6月〜7月。本州（関東地方南部以南）から九州の山地に自生。和風・洋風を問わずシンボルツリーとして採用できる。西日と乾燥を嫌う

濡れ縁の床には室内のフローリングと同じくスギ無垢材を使用し、内外の連続性を生み出した。軒の出を深くし、木材保護塗料を塗れば、耐久性も十分に確保できる

床座で景色を眺めると、視線が地面に近いため庭の奥行きを感じにくいことも。濡れ縁を設ければ、下方の景色が自然にカットされ、視線が奥行き方向に誘導される［左下写真］。花見や月見など季節の行事を楽しむ場にもなる

左：和室より庭を見る。隣家の視線だけでなく、濡れ縁に干した洗濯物もよいあんばいに隠してくれる
右：孫障子を閉めたところ。庭木のシルエットが美しく障子に映える

解説：増木奈央子「通庭が楽しい家」所在地：埼玉県、建物写真：斎藤写真事務所、建物設計：市中山居、造園：秋津園芸

ブラインドは外に付けて空間の広がりをコントロール

周辺環境との離隔を確保できない場合に重宝するのが、外付けブラインド。窓の種類を選ばずに設置でき、羽根の角度を変えれば採光・通風・視線のコントロールも思いのまま。開口部の形状や設置位置の自由度を高めてくれる良アイテムだ。

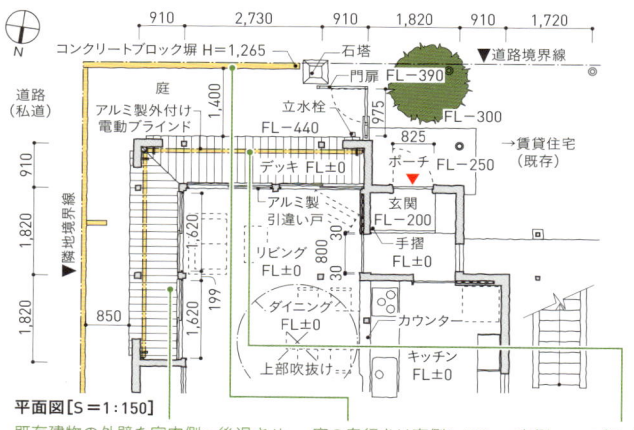

平面図[S＝1:150]

建物外観。ブロック塀は、通行人からデッキで過ごす人を隠してくれるほどよい高さ。顔見知りなら塀に近寄り、庭を挟んで会話できる

既存建物の外壁を室内側へ後退させてデッキを新設。建物周縁を外部化することで、庭の広がりと道路からの離隔を同時に確保できる

庭の奥行きは南側1,400mm、東側850mmと浅いものの、塀の高さを胸高（1,265mm程度）に抑えることで圧迫感を軽減できる

ブラインドは軒先側に設置。閉め切っても大きな開口部の視野はそのままに、デッキと一体化したリビング空間の広がりを感じることができる

リビング内観。ブラインドは電動のため操作性も◎。ここでは、外付けブラインド「ヴァレーマ」（オスモ＆エーデル）を使用

解説：平井充・山口紗由「エン・ハウス」所在地：東京都、上建物写真：鳥村鋼一、下建物写真：新建築社、設計：メグロ建築研究所

機能性・意匠性・耐久性◎。3拍子そろった和の建具「経木簀戸」

簾は、竹や葦など細長い植物を一定の間隔で並べ、編んだもの［※］。簀戸は、簾を障子の枠にはめ込んだ伝統的建具で、夏の日除けとして古くから使われてきた。簾を経木と呼ばれる薄い木板で設えれば、簾のメリットはそのままに耐久性がアップする。

南側外観。外壁材はガルバリウム鋼板。工業製品ゆえの硬い印象にならないよう、板金職人の手仕事を感じさせる平葺きで仕上げた

経木簀戸（写真右側）を閉めた窓の様子。外からの視線をカットするだけでなく、庭木の木漏れ日を室内に落すのにもちょうどよい明るさと高さ

人通りの多い道路側の窓の高さは、通行人から室内が見えない位置（道路面＋2,155mm）に設定。簀戸を設えれば、日中の日差しを遮りながら、光と景色を取り込める

窓先には、目隠し代わりの樹木を重ねてしっかりと緑の緩衝帯をつくり、そこから道路までの十分なゆとりを確保することで、塀のない広々とした庭を実現できる

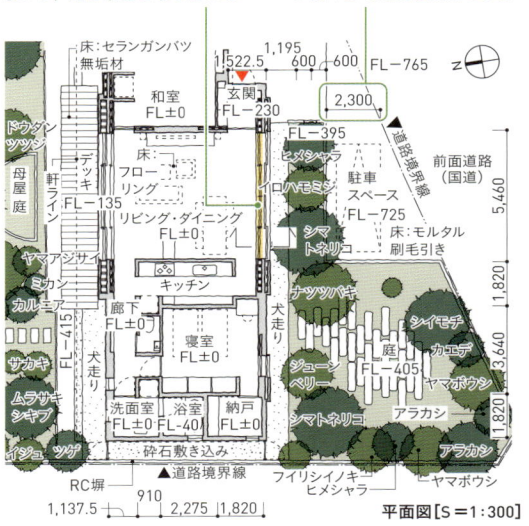

平面図【S＝1：300】

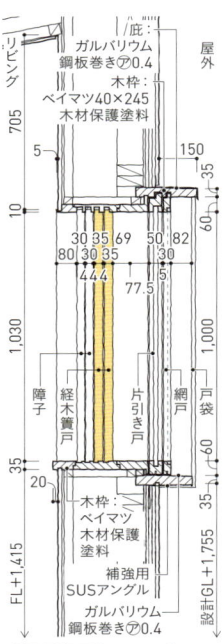

断面詳細図【S＝1：30】

解説：八島正年・八島夕子「辻堂の家」所在地：神奈川県、建物写真：鈴木研一、設計：八島建築設計事務所
※ 軽くて扱いやすい一方、虫食いやカビが生じないよう保管状況に気をつける必要がある

大きなテラスを設けるなら、室内への照り返しや、床の板材への蓄熱を防ぐ配慮が必要だ。軒や庇で夏の日差しが室内に入るのを防ぎ、さらにオーニングなどで日陰をつくるとよい。簡単なフックと受け材で設置でき、使わないときは小さく畳んで収納できる。

オーニングのサイズは2.7m×1.8mほどで生地は市販のもの。金具や生地はオーダーメードでの製作も可能

太陽光と見下ろしの視線を
オーニングでコントロール

1階テラスの手摺と、2階バルコニーの軒下先端に450mmピッチで設けたステンレスフックを受け材として、オーニングを設置。雨や日差し、隣地からの見下ろしの視線をコントロールできる

隣地側のレベルが高い場合は、1階の開口部から採光できるよう、隣地からの離隔を十分に確保する

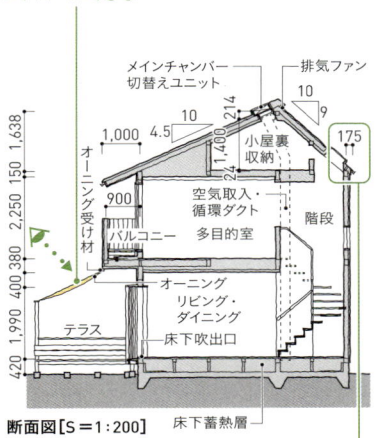

断面図[S＝1：200]

眺望のよい南側の庭を広く確保するため、北側の軒の出は、階高を抑えながら雨仕舞いに支障のない範囲で最小出幅（ここでは175mm）にした

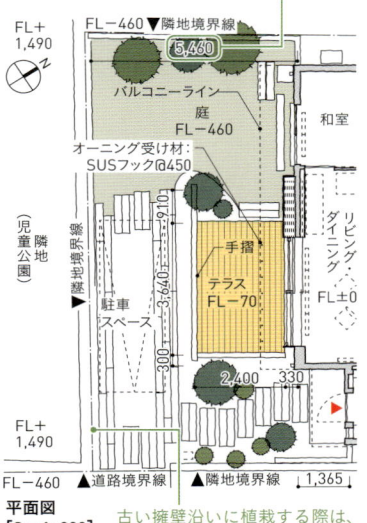

平面図[S＝1：200]

古い擁壁沿いに植栽する際は、根で擁壁の基礎を痛める可能性があるため、根の広がらない樹種を選ぶのが望ましい

リビング・ダイニング内観。オーニングを畳めば、隣地（児童公園）の緑陰が借景となる

解説：赤沼修「四季の変化を楽しむ家」所在地：東京都、建物写真：吉田香代子、設計：赤沼修設計事務所

仕切り・塀

近年は高い塀を設けず外構をオープンにする住宅が増えてきている。しかし、防犯性能とプライバシーを確保しながら心地よく暮らすには、建築主の希望や目的に合った適切な仕切りや塀を設けることが不可欠。道路や隣家からの視線を遮りながらも、外の景色や光、風を取り込めば、室内で過ごす時間はより快適になる。プライバシーをより確実に守りたい場合は、塀を緑化したり、塀の代わりに外周壁を設けたりするとよい。

塀の位置・高さは外部からの見え方で決める

庭は日当りのよい南側につくることが多いが、南側が道路に面していれば、プライバシー確保のための塀が必要になる。塀を設ける位置やその高さは、道路や隣地からの視線の入り方を考慮して決めたい。塀の高さは前面道路から見て1,800㎜程度あれば安心。隣地からの視線が気になる住宅密集地では、隣地境界線側にも塀を設け、隣家側からの視線もカットしたい

板塀を重ね張りして視線をカット

人通りの多い道路側に、特に視線が気になる居室や浴室などを設ける場合は、支柱の表裏に木板を半分ずつ重ね張りした板塀を採用するとよい

ペットの脱走防止には前室を

犬や猫などを飼っている住宅では、木ルーバーなどで玄関の手前に前室や高い壁をつくることで、屋外にペットが脱走することを防止できる

道路ギリギリに外周壁を設ける

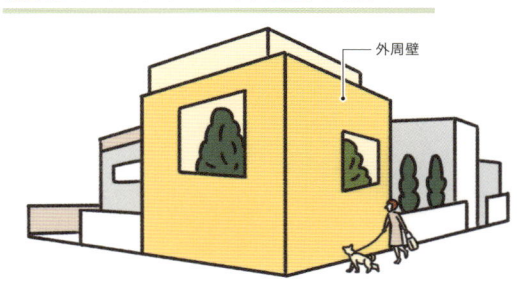

外周壁

人通りの多い住宅街の角地などでは、外周壁を設けて道路からの視線をカットしながら、プライベートな半屋外空間をつくるとよい

ツル性の植物で緑化する

フェンスや塀には、ツル性の植物を這わせて緑化するとよい。目隠しになるだけでなく、季節になると咲く花で道行く人を楽しませることもできる

道路に面した庭は
板塀で囲んで
プライベート空間に

敷地の南側が接道している場合、庭やデッキを道路側に寄せてつくり、日当りを確保することが多い。しかし通行人の視線が気になるようだと、せっかくの庭を存分に活用することが難しくなる。道路に面した庭のプライバシーを守るには、板塀などで囲うのが確実。道路からの見え方や日当りは、計画段階からスケッチアップなどの3Dモデリングソフトも活用し入念に検討したい。

板塀の高さを、地面からは2,400mm弱、フロアレベルからは約2,000mmになるように設定した

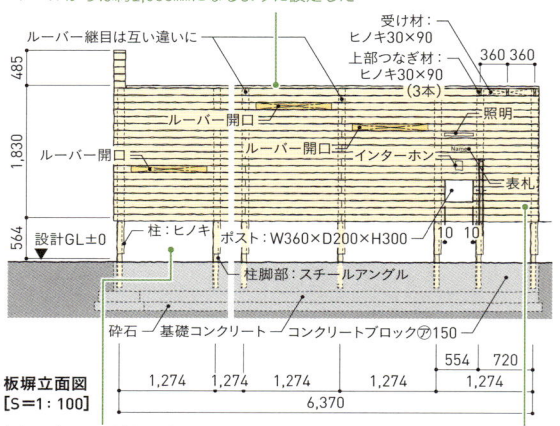

ルーバー継目は互い違いに

受け材：ヒノキ30×90
上部つなぎ材：ヒノキ30×90（3本）

360 360

485

ルーバー開口

照明

1,830

ルーバー開口　ルーバー開口　インターホン

表札

564

設計GL±0

柱：ヒノキ　ポスト：W360×D200×H300　10 10

柱脚部：スチールアングル

砕石　基礎コンクリート　コンクリートブロック⑦150

板塀立面図
[S＝1：100]

1,274　1,274　1,274　1,274　554　720
1,274
6,370

板塀下部には地被類（ヤブコウジやフッキソウ、リュウノヒゲなど）を植栽

板張りの間に9mmの隙間を設定。9mmあれば路上の状況や人の気配が透かし伝わる。光や風も通るので、ほどよく外とつながることができる

上：スケッチアップ画像は提案時のもの。各方向から建物を見た時に、視線が十分にカットできているか確認するためにも使用した｜下：板塀は前面道路から見た際、屋内にいる人が立っていても見えない程度の高さに設定

リビングには約4,800mm幅の連続した開口を設けているが、カーテンなどを閉める必要はない。ガラスを介して屋内とテラスが連続し、約30畳のワンルーム空間が成立。室内にいても開放感を満喫できる

手がかからないグラウンドカバー
リュウノヒゲ

キジカクシ科の常緑多年草（高さ～0.3m）。花期は6月～7月。日陰でも育つ植物で、庭園の下草やグラウンドカバーに使われる。別名ジャノヒゲ

解説：新井崇文「能ヶ谷の家」所在地：東京都、建物写真：新井崇文、設計：新井アトリエ

土留めを兼ねたコンクリートブロック×板塀で庭への視線をカット

道路と敷地に700mm程度の高低差がある場合、土留めを兼ねてコンクリートブロックと板塀を組み合わせた塀も活用したい。土台をコンクリートブロックとすることで、板塀の高さを抑えることができ、圧迫感を軽減できる。高さを1,000mm程度に抑えた板塀であれば木柱ではなく50mm角など細目のアルミ柱で施工でき、見た目は軽やかだが頑丈に仕上げることも可能だ。

前面道路は、学生たちが多く通学で使用する。そこで板塀を設置し、プライバシーを確保した

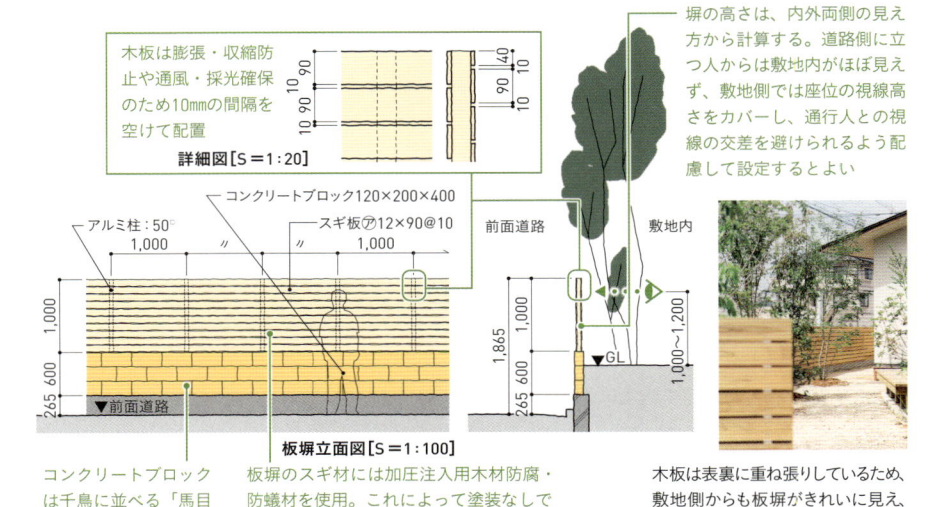

木板は膨張・収縮防止や通風・採光確保のため10mmの間隔を空けて配置

詳細図[S＝1:20]

塀の高さは、内外両側の見え方から計算する。道路側に立つ人からは敷地内がほぼ見えず、敷地側では座位の視線高さをカバーし、通行人との視線の交差を避けられるよう配慮して設定するとよい

コンクリートブロック120×200×400

アルミ柱：50□
スギ板⑦12×90@10

前面道路　　敷地内

板塀立面図[S＝1:100]

コンクリートブロックは千鳥に並べる「馬目地」とした

板塀のスギ材には加圧注入用木材防腐・防蟻材を使用。これによって塗装なしでも高い耐久性が期待できる

木板は表裏に重ね張りしているため、敷地側からも板塀がきれいに見え、視線も完全にシャットアウトできる

解説：伊瀬和裕「川北の家」所在地：広島県、建物写真：貝出翔太郎、設計：テトラワークス

板塀の透かし張りで
コストを抑える

隣地や道路と建物に距離がありプライバシーがさほど要求されない場合は、板塀を透かし張りにするとよい。既製品より高価だが、自然素材のなかでは比較的コストが安い。

ジューンベリー株立ち

エゾムラサキツツジ、ハナイカダなど

縦板は140×17mmのベイスギ（2×6材）を2つ割りにして、10mmの透かし張りとした。直射日光や雨が直接掛かる部分は、クリア塗装だと数年で褪色が目立ってくる。そのため、外装用塗料（半透明）を塗布した

板塀の高さは低めに抑えて圧迫感をやわらげたい。ここでは道路側の基礎と重なるように板を延ばすことで、重心がより低く感じるようにしている

笠木はヒノキ140×30mmの両端を15mm山形に加工し、水勾配を確保。ガルバリウム鋼板で保護している

笠木：
ヒノキ140×30の上、ガルバリウム鋼板⑦0.4

ベイスギ縦張り
140×17@150

支柱：ステンレス
40⁻⑦2.0

I形基礎：
W150×H900

900　900　140

1,650　1,500　1,350　1,650

150　120　150　300　600　150

▼GL

板塀立面図[S＝1：80]

ナチュラルガーデンや
和風の庭に
ハナイカダ

ハナイカダ科の落葉広葉樹（高さ1〜3m）。花期は4月〜6月。日陰と湿気のある場所を好み、北向きの庭や常緑樹の下でも育つ。株立ち状になることが多い

解説：赤沼修「井の頭の家」所在地：東京都、建物写真：吉田香代子、設計：赤沼修設計事務所

板塀の**重ね張り**で プライバシー確保

人通りの多い道路に面した敷地や浴室の目隠しには、隠蔽性の高い塀を選びたい。板塀の両側から横板を重ねて張れば隙間がなくなり、視線を完全に遮断できる。

横板には140×38mmのベイスギ（2×6材）を2つ割りにしたものを使用。支柱の表裏両面に半分ずつ重ねながら張っている

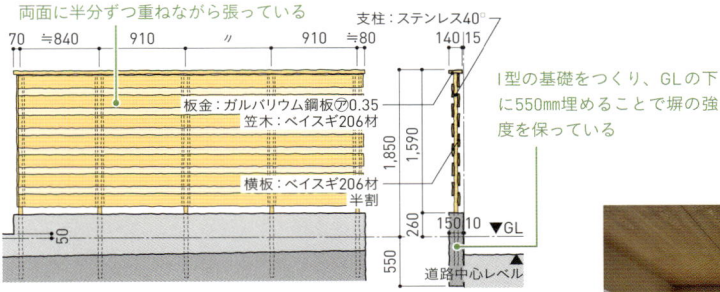

支柱：ステンレス40°

板金：ガルバリウム鋼板⑦0.35
笠木：ベイスギ206材

横板：ベイスギ206材
半割

I型の基礎をつくり、GLの下に550mm埋めることで塀の強度を保っている

70　≒840　　910　　〃　　910　≒80　　140 15

1,850　1,590　260　550　150 10　▼GL

50

道路中心レベル

板塀立面図[S＝1:80]

赤い紅葉で冬の庭を華やかに オタフクナンテン

メギ科の常緑広葉樹（高さ0.2〜0.6m）。花や実はほとんど付かない。成長が遅く、狭い庭でも楽しめる。植え込みやグラウンドカバーに適している［68頁］

室内から塀を見る。室内にいても道路からの視線は気にならない

住宅街の角地に面した庭を塀で囲った

解説：赤沼修「樫の木を望む二世帯住宅」所在地：東京都、建物写真：吉田香代子、設計：赤沼修設計事務所

下地材を使った
格子の板塀で
外の気配を感じる

板塀を格子のように張っていく方法も選択肢の1つ。柱の表と裏に互い違いになるように板を張っていくと、外の気配が感じられる程度に正面からの視線をカットできる。風や光は通るので、ほどよい抜け感が出る。下地材を使えばコストも抑えられる。

同一敷地の貸し駐車スペースに面する部分に格子の板塀を設けた。板塀のこげ茶色が手前に植えた植栽の緑を引き立てている

爽やかなライトグリーンの葉が魅力的
シマトネリコ

モクセイ科の半落葉広葉樹（高さ5〜20m）。花期は5月〜6月。葉色が明るくナチュラルな雰囲気で人気のシンボルツリー。住宅の目隠しとしても活用できる。寒風が当たる場所では落葉する

ベイマツの下地材（36mm角）を使用。施工前に木材保護塗料（3回程度）を塗布することで耐久性が高まる

板材はプレーナー掛けの上から塗装をするほうが水の切れがよく、塗装の劣化も遅い。プレーナー掛けとは、表面がざらついた状態の木材を、「モルダー」と呼ばれる機械に通して、表面を平滑に整えること

格子塀断面図
[S＝1:40]

36 105 36
36／／36
36／／36
36／／36

ベイマツ36°

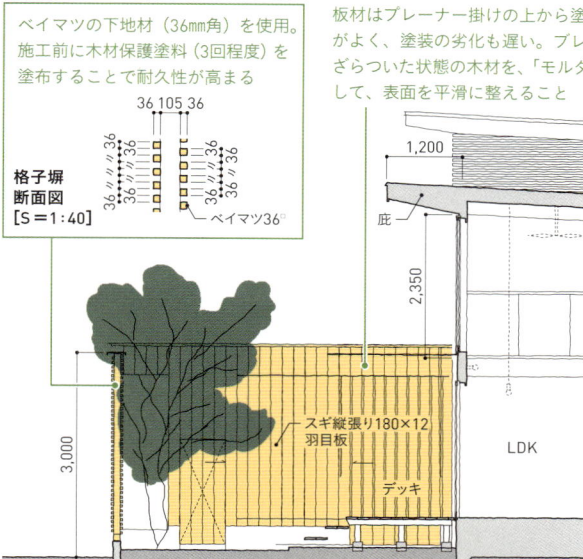

1,200
庇
2,350
3,000

スギ縦張り180×12
羽目板

LDK

デッキ

断面図[S＝1:120]

シマトネリコ

建物の外装材には板塀と同色に着色したスギを使用し、統一感を出している

解説：中西義照 「N's House」所在地：京都府、上建物写真：中西義照、下建物写真：伊藤裕司、設計：FORMA

見立ての外壁で建物を囲み、敷地を境界線いっぱい活用する

人通りの多い角地に住宅を建てる場合は、庭を設けることが難しい。そこで、道路境界線沿いに目隠し用の見立ての外壁（外周壁）を設けたい。外周壁を設けることで、屋外にプライベート空間を確保でき、建物と一体感のあるファサードも実現できる。

樹木を植えることで、視覚的にもそこが外部であるという認識を与えられる。シマトネリコのような常緑樹を配置すれば、季節を問わず室内から緑が楽しめる

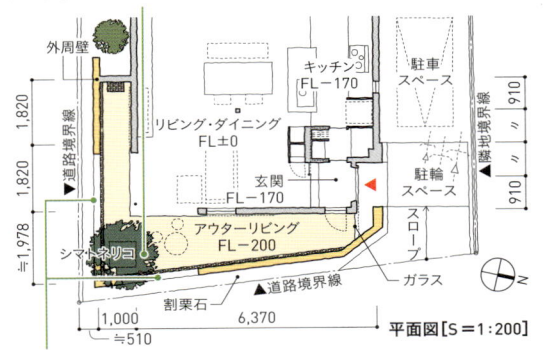

平面図[S＝1:200]

外周壁で道路からの視線が遮られているため、1階リビングの開口はカーテンが不要。外周壁に囲われた半屋外空間はリビングの延長として利用できる

外周壁には、外部からの視線を考慮しながら、採光・通風のための開口部を設ける。ここでは、東側と南側に1カ所ずつ設けている。東側は通行が多いため、道路レベルの視線を遮断できる高さ（下端：GL＋1,800mm、上端：GL＋3,800mm）に設定。南側の開口は1階まで採光を確保するために、東側よりも高め（下端：GL＋2,300mm、上端：GL＋5,030mm）に設定した

道路境界線ぎりぎりに外周壁を立ち上げている。できるだけ圧迫感を軽減するため、外周壁の色は白にした

解説：渡辺ガク「Between」所在地：東京都、建物写真：渡辺ガク、設計：g_FACTORY建築設計事務所

打水塀で
涼やかに
視線を遮る

うちみずべい

隣家からの視線を遮る庭の仕切りには、じゃかご［77頁］を利用した塀を活用したい。鉄線で編まれたかご内に溶岩石を充填し、内部に孔あき配管を仕込むと、夏には「打ち水」による蒸散効果で涼がもたらされることが期待される。涼しい風と水の落ちる音、庭に溶け込む溶岩石の眺めは、庭で過ごす時間を豊かにしてくれる。

かごの中に孔あけ加工した塩化ビニル製の水道管を通し、ステンレスの整流板で水を庭側に流せば、塀の表面を水が滴り落ちる

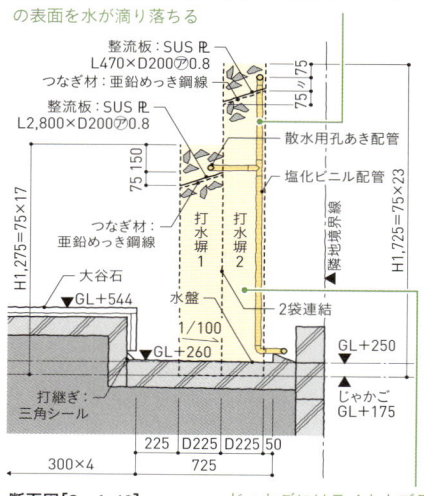

整流板：SUS Ⓟ
L470×D200⑦0.8
つなぎ材：亜鉛めっき鋼線
整流板：SUS Ⓟ
L2,800×D200⑦0.8

散水用孔あき配管
塩化ビニル配管

つなぎ材：
亜鉛めっき鋼線

打水塀1　打水塀2

大谷石
▼GL+544

水盤
1/100

2袋連結

▼GL+260　　GL+250▼

打継ぎ：
三角シール

じゃかご
GL+175

225　D225　D225　50
300×4　　　725

断面図[S＝1：40]

じゃかごにはテイカカズラを絡ませ、庭になじませている

淡い黄色の花は南国の香り　テイカカズラ

キョウチクトウ科の常緑ツル性植物（高さ5〜10m）。花期は5月〜6月。茎から出る付着根で壁や木に絡み付く。フェンスや棚に絡ませるか、緑のカーテンとしても◎

溶岩石はスポンジのような構造で、水で湿らせると保水効果がある。夏には、気化熱を奪われた涼しい空気が、南から吹く風に乗って室内に運ばれる。溶岩石から滴る水も涼しげな雰囲気づくりに一役買う

高さの異なる打水塀を2つ組み合わせ、隣家の物置を隠している。塀は敷地の外からの見え方を意識するだけでなく、室内からの眺めにも気を配りたい

解説：増木奈央子「通庭が楽しい家」所在地：埼玉県、上打水塀写真：迎川利夫、下打水塀写真：齋藤貞幸、設計：市中山居、造園（打水塀）：秋津園芸

玄関前には北風避けの薪塀を

薪ストーブは冬を越すための備えであり楽しみでもある反面、薪置き場の確保など扱いが難しい点もある。敷地に余裕がないケースで薪置き場として検討したいのが、玄関前のスペースである。一般的に、玄関戸が道路に正対している場合には板塀やフェンスなどを設けて視線を遮ることが多いが、玄関前に薪置き場を設ければ、塀の代わりに視線を遮ることができる。

薪塀の高さは900mm程度あり、その上にも薪を重ねているため、道路側からは玄関が丸見えにならない

玄関横、薪塀の目の前にはベンチを設置。玄関廻りにベンチを置けば、置き配など荷物の一時的な置き場として利用できる

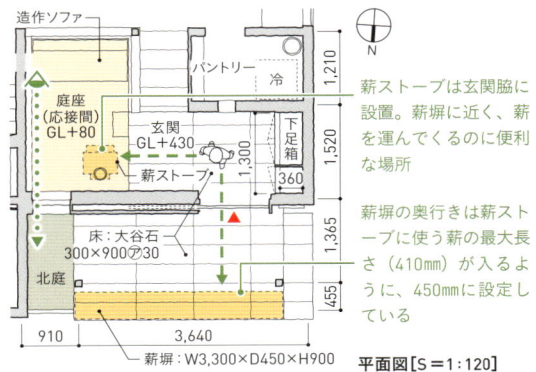

造作ソファ

パントリー
冷

庭座
(応接間)
GL+80

玄関
GL+430

薪ストーブ

下足箱
360

1,210

1,520

1,300

1,365

455

床：大谷石
300×900×T30

北庭

910   3,640

薪塀：W3,300×D450×H900

平面図[S＝1:120]

薪ストーブは玄関脇に設置。薪塀に近く、薪を運んでくるのに便利な場所

薪塀の奥行きは薪ストーブに使う薪の最大長さ（410mm）が入るように、450mmに設定している

薪ストーブは庭座（応接間）と呼んでいる玄関脇の籠りスペースに配置した。庭座は玄関から続く土間部分よりも一段下がっていて、地面よりも低い位置にある。そのため、玄関から見下ろす眺めとはまた違った表情の北庭を庭座の地窓から楽しむことができる

解説：増木奈央子「通庭が楽しい家」所在地：埼玉県、左・右下建物写真：齋藤貞幸、右上建物写真：増木奈央子、設計：市中山居、造園（薪塀）：秋津園芸

土木工事から転用したじゃかごの塀と現場フェンスで外構をつくる

じゃかごはもともと土木用建材で、河川の護岸などに使われていたもの。近年、建築に取り入れられることも増えており、特に外構の塀として利用されることが多い。コンクリート塀と比較すると安価なため、コストを抑える目的でも採用される。工事現場でフェンスとして使われているアルミゲートも、コストをかけずに門扉として利用でき、じゃかごの塀とのデザイン的な相性もよい。

アルミゲート

この事例では1階部分の外壁に土壁をイメージしていたため、土と相性のよい石積みのじゃかごを採用した。通常、じゃかごに入れる石は黒灰色のものが多いが、外観の色味に合わせ、赤さび色の割栗石を選んだ

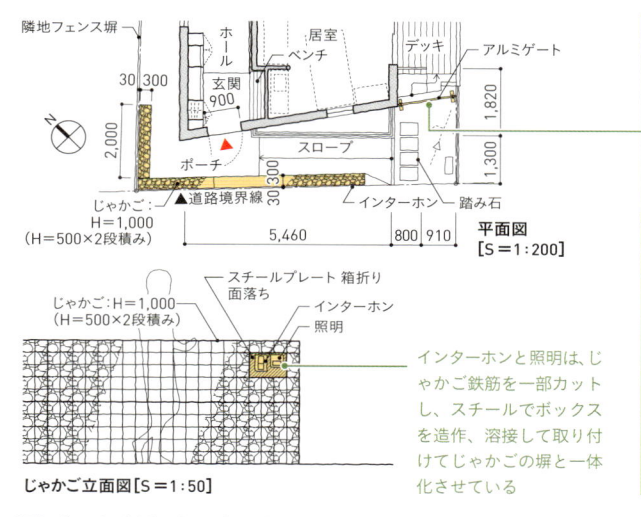

隣地フェンス塀

30 | 300

ホール
居室
ベンチ
玄関
900
デッキ
アルミゲート

2,000

1,820

スロープ

1,300

ポーチ
300

じゃかご：
H＝1,000
（H＝500×2段積み）
▲道路境界線
30 300
インターホン
踏み石

5,460
800 910

平面図
[S＝1：200]

簡単に乗り越えられないように、アルミゲートは高さ1,500mmのものを選定。本来、工事用のゲートとして使われるものなので、単管などの支柱で固定しないと自立しない。施錠もできないため、チェーンロックなどで対応したい

スチールプレート 箱折り 面落ち
じゃかご：H＝1,000
（H＝500×2段積み）
インターホン
照明

インターホンと照明は、じゃかご鉄筋を一部カットし、スチールでボックスを造作、溶接して取り付けてじゃかごの塀と一体化させている

じゃかご立面図[S＝1：50]

解説：渡辺ガク「台地の家」所在地：東京都、上建物写真：上田宏、下アルミゲート写真：渡辺ガク、設計：g_FACTORY建築設計事務所

ポーチを兼ねた土間空間をルーバーで囲い、猫の脱走防止に

ポーチを兼ねた大きな外土間を、内土間と一体で造作。外部からの視線を遮るように木ルーバーで囲うことで、外土間と内部空間を一体利用できる。十分な高さのある木ルーバーは、猫の脱走防止にも有効。窓を開ければ外部と内部が一体になり、室内が広く感じられる。内土間と一体になった外土間は物干し、BBQスペース、愛犬家なら犬の足洗い場としても利用できる。

ルーバーの戸は閉めたときの見た目を考慮し、面がそろうよう扉を採用するとよい。扉は、スチールで強度を確保。開閉の際に干渉しないよう、枠とのクリアランス（10㎜）を取っている

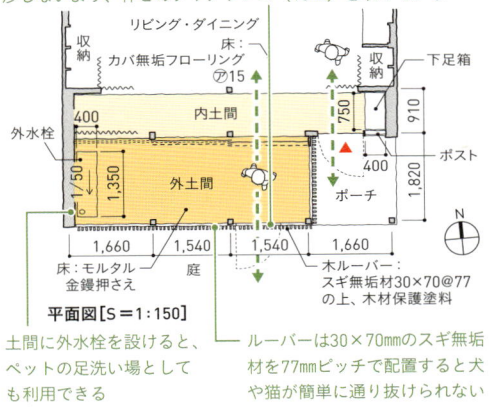

平面図[S＝1：150]

土間に外水栓を設けると、ペットの足洗い場としても利用できる

ルーバーは30×70㎜のスギ無垢材を77㎜ピッチで配置すると犬や猫が簡単に通り抜けられない

外土間部分には屋根が架かっているため、横風が吹いてこなければ、雨の日も半屋外空間として利用できる

建築主が猫を飼っているため、猫が簡単に屋外に出られないようにしてほしいという要望があった。ルーバーの高さは、猫が飛び越えられないようにするため、3,320㎜に設定した

解説：水石浩太「貫井北町の住宅」所在地：東京都、建物写真：水石浩太、設計：水石浩太建築設計室

非住宅と住宅を
分ける ルーバー壁

併用住宅では、エリアを分ける仕切りが必要になるが、無機質な壁を立てると来訪者に威圧感を与えてしまう。木ルーバーなら、訪れた人に穏やかな印象を感じさせることができる。

2階以上の住宅の窓を覆い隠すように、病院の入口付近にシンボルツリー（カツラ）を配置

屋外・室内ともにルーバーには耐久性の高いセランガンバツ（20×105㎜）を使用

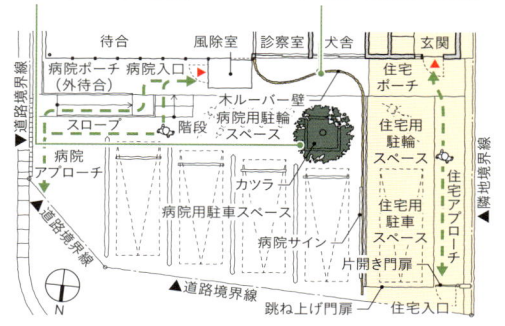

平面図[S＝1：300]

カツラ科の落葉広葉樹（高さ10～30m）。日なたを好む陽樹。株立ちの樹形が美しく、秋になると黄葉する。葉の形が丸いハート形で優しい雰囲気。庭に植栽するには十分なスペースが必要

住宅と病院を隔てるルーバー壁にサインを設置し、その裏側に住宅のアプローチを配置。ルーバー壁は曲線を描きながら、ガラス張りの待合室内部まで連続している

解説：水石浩太「前橋の住宅と動物病院」所在地：群馬県、建物写真：Hiroshi Tanigawa、設計：水石浩太建築設計室

ルーバーで脱走防止の前室をつくる

ペットがいる住宅や動物病院では、脱走防止の前室をつくりたい。1,200mm程度の高さの扉を設ければ、ひとまずの脱走防止として機能する。

この動物病院は都心の商店街の一角に位置している。そのため、通行人の視線を制御する狙いもあり、竪ルーバーを採用した。一方、外待合と待合を仕切る壁はガラス製にして、空間の一体感を高めた

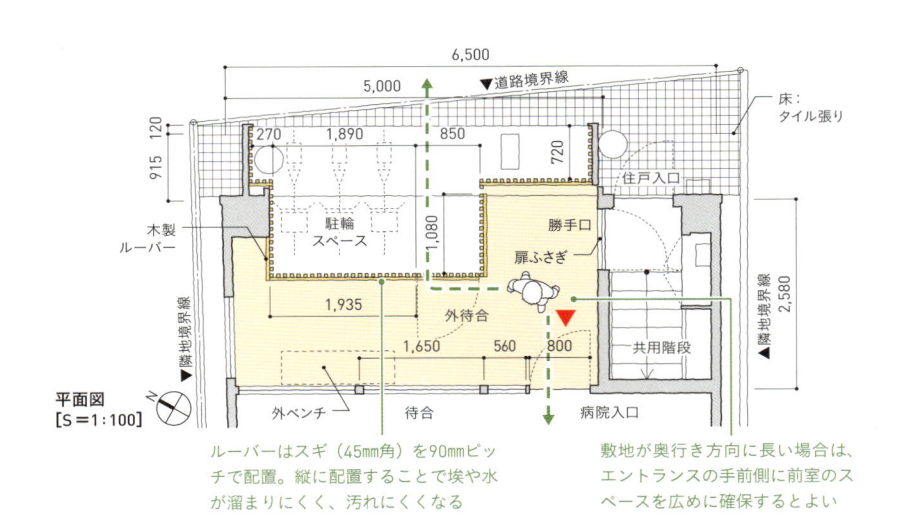

平面図
[S＝1:100]

ルーバーはスギ（45mm角）を90mmピッチで配置。縦に配置することで埃や水が溜まりにくく、汚れにくくなる

敷地が奥行き方向に長い場合は、エントランスの手前側に前室のスペースを広めに確保するとよい

外部の視線を遮り、プライベート空間を確保するのに、塀は有効な手段だ。とはいえ、全面が板塀ではいかにも閉鎖的な印象になる。そこで塀に植物を這わせ、周囲の樹木となじませれば、プライバシーを守り、同時に近隣への好ましい印象を与えられる。

解説：島田貴史「カエデハウス」所在地：東京都、左建物写真：西川公朗、右建物写真：牛尾幹太、設計：しまだ設計室

経年変化を楽しむ
緑の塀

**新緑に雪のように
白い斑が入る**
ハツユキカズラ

キョウチクトウ科の常緑ツル性植物（高さ5～15m）。花期は5月～6月。テイカカズラの園芸品種で、葉にピンクと白の斑が不規則に入る。斑をきれいに出すには、日なたに植栽する

竣工当時の写真。竣工時は明るい色味だった板塀も経年変化で少しグレーがかり、趣ある風情に

竣工から4年後の写真。コンクリートブロックと板塀を植物が覆い、庭に植えた樹木ともつながって緑の壁ができている

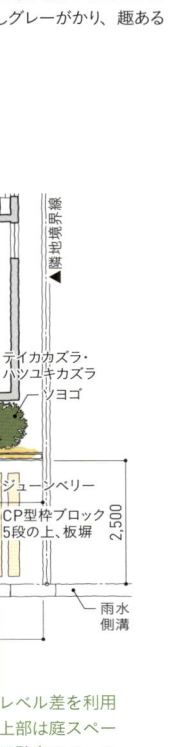

門扉：H＝1,050
テイカカズラ・ハツユキカズラ
CP型枠ブロック5段の上、板塀
駐輪スペース
枕木
1,800　800
アプローチ
800
表札・ポスト・インターホン
駐車スペース GL±0
道路境界線
砂利敷き⑦100
5,250
下足箱　玄関
デッキ
子ども室
テイカカズラ・ハツユキカズラ
ソヨゴ
庭 GL＋800
ヒメシャラ
5,200
ジューンベリー
CP型枠ブロック5段の上、板塀
2,500
雨水側溝
▲隣地境界線
▲道路境界線
N

平面図[S＝1:150]

土留めのコンクリートブロック（高さ800mm）の上に板塀を設置。ブロックの立上りには下垂する植物を、板塀には登攀するツル性の植物を這わせるとなじみやすい［171頁］

敷地内のレベル差を利用すれば、上部は庭スペース、下部は駐車スペースと、エリアを明確に分けられる

緑のフェンスで空中に庭をつくる

駐車スペースが必要なため、広い庭をつくるのが難しいことも多い。そんな場合は駐車スペースの上階にテラスを設け、緑のフェンスで覆うことで立体的な庭をつくる方法もある。

フェンスに這わせるように植えたムベとジャスミンは、3年程度でフェンスを覆い、写真のような緑の壁が現れた

φ4mmのステンレスワイヤーを150mmピッチで張り渡し、そこにムベ、ジャスミン、トケイソウを這わせている

ターンバックル ── 鉄骨
5,760
テラス
1,600
ステンレスワイヤー@150
駐車スペース
3,150
▼GL
ジャスミン・トケイソウ ── ムベ

立面図[S＝1:200]
地面には一面に砂利を敷いた。道路（私道）との境界は視覚的にはあいまいだが、緑の壁が上部にあることによって緩やかに仕切られる

常緑性で別名「トキワアケビ」とも　ムベ

アケビ科の常緑ツル性植物（高さ5〜15m）。花期は4月〜5月。花や実を楽しむには日当りのよい場所に植える。フェンスに這わせるか、棚に絡ませることが多い

竣工当時の写真。テラスには道路斜線制限をちょうどかわす高さのフェンスを設けている

解説：田中敏溥「国立の家」所在地：東京都、建物写真：垂見孔士、設計：田中敏溥建築設計事務所

通行人を楽しませる
緑のスクリーン

住宅密集地では、道路との境界線上にフェンスを設け、季節になると花を咲かせる植物を這わせるとよい。街の人が見て楽しむことができる緑のスクリーンになるはずだ。

春先にクリーム色の可憐な花を付ける
モッコウバラ

バラ科の常緑広葉樹（高さ6〜7m）。花期は4月〜5月。ツルバラの一種で、住宅の垣根などに用いる。バラだが、とげはない。広がりすぎないよう、花が咲き終わったら剪定するとよい

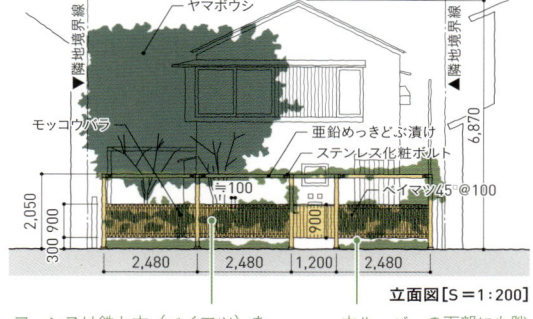

敷地境界線 ── ヤマボウシ ── 敷地境界線

モッコウバラ ── 亜鉛めっきどぶ漬け ── ステンレス化粧ボルト

@100 ── ベイマツ45□@100

2,050 / 300 900 / 6,870

2,480 / 2,480 / 1,200 / 2,480

立面図[S＝1：200]

フェンスは鉄と木（ベイマツ）を組み合わせている。高さは2mあるが、木ルーバーの上部にスペースがあるため圧迫感はない

木ルーバーの下部にも隙間を設け、その隙間を埋めるように下草を植えると立体感が出る

この家にはもともと桜の木があり、春には花を咲かせ人々を楽しませる街の名物だった。寿命が来た桜は建て替えの際にヤマボウシに植え替えたが、道路の前に設けた緑のスクリーンが通行人を楽しませ、家と街をやさしくつなげる役割を今も担っている

　解説：田中敏溥「吉祥寺の家」所在地：東京都、建物写真：垂見孔士、設計：田中敏溥建築設計事務所

［資料］塀・フェンス

塀・フェンスは敷地と道路・隣地との境界に設けられる。主な目的はプライバシーの保護や防犯だが、建物に調和させて外観デザインを引き立て、近隣との緩衝材としても機能する。

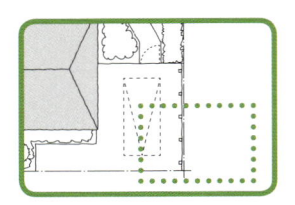

塀・フェンス

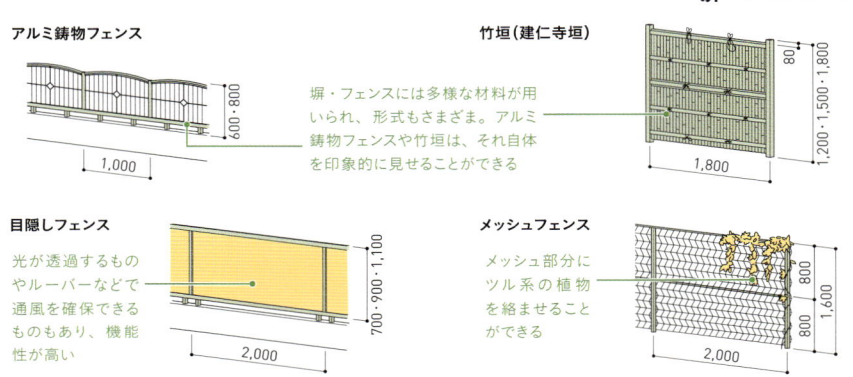

アルミ鋳物フェンス

600・800

1,000

塀・フェンスには多様な材料が用いられ、形式もさまざま。アルミ鋳物フェンスや竹垣は、それ自体を印象的に見せることができる

竹垣（建仁寺垣）

80／
1,200・1,500・1,800
1,800

目隠しフェンス

光が透過するものやルーバーなどで通風を確保できるものもあり、機能性が高い

700・900・1,100
2,000

メッシュフェンス

メッシュ部分にツル系の植物を絡ませることができる

800
800
1,600
2,000

塀の高さと視線

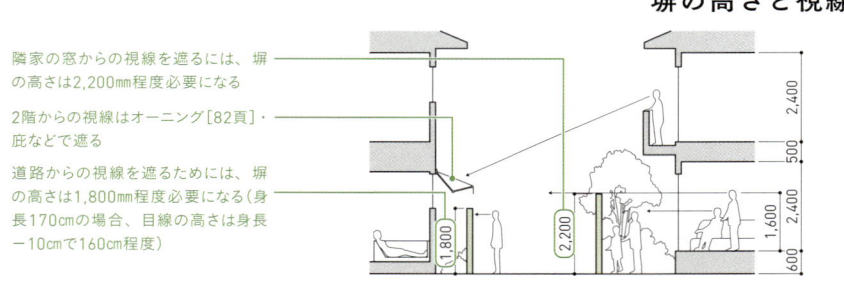

隣家の窓からの視線を遮るには、塀の高さは2,200mm程度必要になる

2階からの視線はオーニング［82頁］・庇などで遮る

道路からの視線を遮るためには、塀の高さは1,800mm程度必要になる（身長170cmの場合、目線の高さは身長－10cmで160cm程度）

1,800
2,200
2,400
500
1,600
2,400
600

板塀

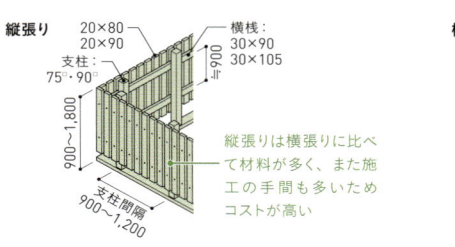

縦張り
20×80
20×90
横桟：
30×90
30×105
≒900
支柱：
75°・90°
900～1,800
支柱間隔
900～1,200

縦張りは横張りに比べて材料が多く、また施工の手間も多いためコストが高い

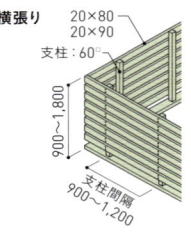

横張り
20×80
20×90
支柱：60°
900～1,800
支柱間隔
900～1,200

コンクリートブロック

基本型　　　　**横筋用**　　　　**コーナー用**

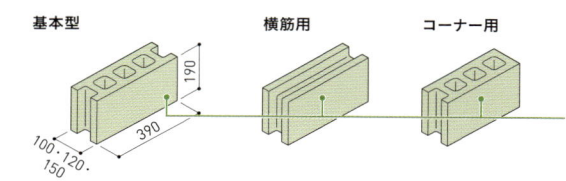

ブロックの厚みは3種類（100mm、120mm、150mm）。形状も図の3種類があり、これらを組み合わせて使う。サイズは一般的に目地幅（10mm）を含めて400×200mm

ブロック積みとフェンス

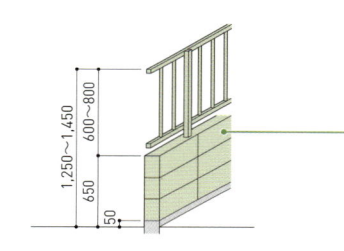

コンクリートブロックを高く積み上げる場合は長さ3.4m以下ごとに控壁が必要になるが、高さ1.2m以下の場合は不要。フェンスと組み合わせることで、控壁のないすっきりとした塀をつくることができる。コンクリートブロックは土留めの役割も負う

補強コンクリートブロック造の塀

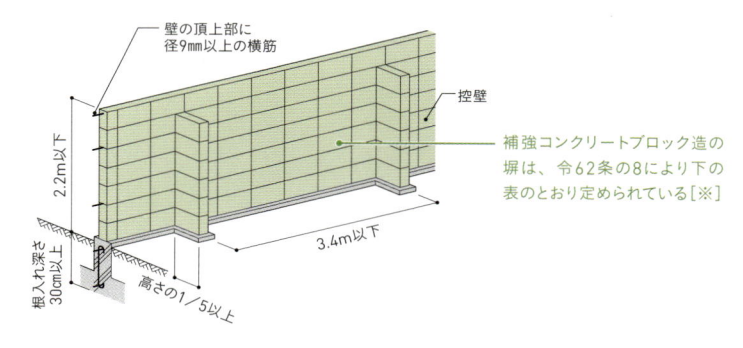

補強コンクリートブロック造の塀は、令62条の8により下の表のとおり定められている[※]

補強コンクリートブロック造の塀（令62条の8）

①	高さは2.2m以下とすること
②	壁の厚さは15cm（高さ2m以下の塀は10cm）以上とすること
③	壁の頂上部および基礎には横に、壁の端部および隅角部には縦に、それぞれ9mm以上の鉄筋を配置すること
④	壁内には、径9mm以上の鉄筋を縦横に80cm以下の間隔で配置すること
⑤	長さ3.4mごとに、径9mm以上の鉄筋を配置した控壁で基礎の部分において壁面から高さの1／5以上突出したものを設けること
⑥	鉄筋の末端は、かぎ状に折り曲げて、鉄筋は壁の頂上部および基礎の横筋に、横筋はこれらの縦筋にそれぞれかぎ掛けして定着させること。ただし、縦筋をその径の40倍以上基礎に定着させる場合は、縦筋の末端は、基礎の横筋にかぎ掛けしないことができる
⑦	基礎の丈は35cm以上とし、根入れの深さは30cm以上とすること

右頁・左頁上段解説：松下高弘（エムデザインファクトリー）、左頁下段（補強コンクリートブロック造の塀）文責：編集部
※ 高さ1.2m以下の塀は、⑤および⑦を除く。また構造計算によって安全が確かめられた場合はこの限りではない

集まって住むための外構

土地を共有して豊かに暮らす

「ソーラータウン府中」では地役権［※］を設定することにより、敷地内部に張り巡らせた園路を住民どうしが分かち合う計画として街並み全体をデザインした。緑に囲まれた通過動線を共有することで、豊かな暮らしが提供されている。

各住宅の敷地は、囲わずにオープンなつくりとし、視線が通る場所にのみ板塀を設けて、視線が気にならないようにしている

東西2列に並ぶ16戸の戸建住宅。その裏側を、共有の「園路」として設計。地役権を設定したことで、居住者全員が利用でき、交流が生まれる場所になった

駐車スペースは、居住者による協定により、屋根のあるものやシャッターを閉じるものを禁止に。街づくりで意図した環境への配慮や居住者の生活の質の向上を長きにわたって保ち続ける

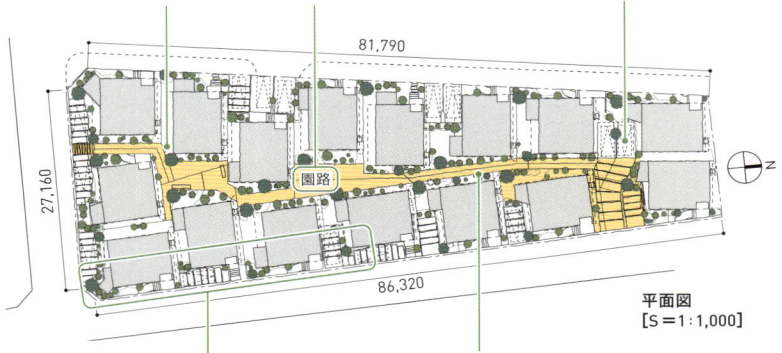

81,790

27,160

「園路」

86,320

平面図
[S＝1：1,000]

玄関はすべて外周道路に面しており、電気・水道・ガスのメーターも外周道路からアクセスできる箇所にまとめた。来訪者の動線を基本的にすべて外周道路側に限定することで、敷地内部の静けさを確保した

計画地は夏に南南西から北に抜ける風が多い土地。南北に園路を通し、それを東西に分岐させることで、風が通りやすくなり、夏場は涼しくなる。園路は敷地外の道路と比較して、平均放射温度は8℃、気温は3℃程度低くなった

北側上空よりソーラータウンを見る。住戸を少しずつずらして配置し、それぞれの採光を確保した。広がった園路は、広場としてバーベキューなどに利用されている。また、敷地北側の公園からの風の通り道にも利用している

園路を望む。自然の緑に囲まれた園路は、住民どうしを結ぶふれあいの場となる

解説：迎川利夫「ソーラータウン府中」所在地：東京都、左写真：Emotional image 北居、右写真：迎川利夫、設計：野沢正光建築工房
※ 一定の目的の範囲内で他人の土地を自分の土地のために利用する権利のこと

街並みにほどよい統一感を与える

"街づくり" の観点から家づくりを目指した「ソーラータウン西所沢」。住宅デザインに関するデザインコードを決定し、統一感ある街並みをつくった。加えて、道や隣家との境界をあいまいにして、街全体が1つの空間になるよう演出した。

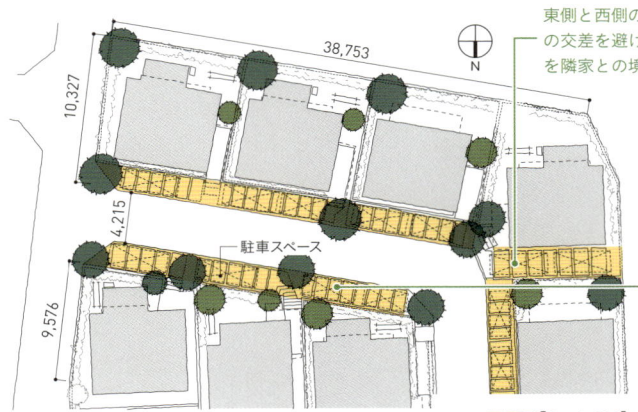

東側と西側の境界は、開口部の位置で視線の交差を避けたうえで、駐車スペースなどを隣家との境界に設け、緩衝帯にしている

縦列に沿う駐車スペースと植栽によって、前面道路との境界をあいまいにして街全体の一体感を高めている。視線は植栽で遮り、通風・採光などは通すなど、街全体のつながりを強め、街全体で環境を向上させている。駐車していない時は歩道のような状態で、街並み空間を広く見せている。子どもたちの遊び場にもなる。個人の所有スペースだが、街の共有空間的な役割もある

駐車スペース

平面図[S＝1：500]

敷地の高低差を利用し、植栽の配置や間取りを含めて、視線の衝突をうまく避けている。通風・採光は妨げられない

隣家との南・北側境界は、間取りと開口の工夫により、塀がなくても視線がぶつからない。風と光を緑の囲いで取り入れ、視線はそれとなく遮った

平面図
[S＝1：400]

建物外観。外構は緩やかに囲っているが、植栽と駐車スペースを配置したことで、全体的に開いた印象に

前面道路より街並みを見る。外構・外装材を統一したことにより、整った印象に。一方で、外構のプランニングにより画一的に見せず、温かい雰囲気を醸し出す

解説：迎川利夫「ソーラータウン西所沢」所在地：埼玉県、写真：迎川利夫、設計：田中敏溥建築設計事務所

［駐車・駐輪スペース］

駐車・駐輪スペースの確保は、外構全体の計画を大きく左右する。建築主の車・自転車の大きさや保有台数次第で、敷地を大幅に削ってしまうからだ。また、前面道路に面して設けられる駐車スペースは、街並みの景観にも大きな影響を及ぼす。安全で出入りしやすいことはもちろん、住宅や街並みの景観を損なわないデザインや、雨に濡れない動線、利便性、将来への対応などまで考えて計画したい。

見せ方・隠し方をデザインする

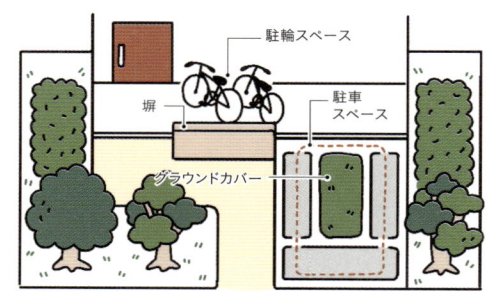

駐輪スペースを塀で隠したり、車が停まっていないときの見え方を考慮して植栽を施したりして、雑然とした印象にならないデザインに

建物と併せて設計する

駐車・駐輪スペースと建物は一緒に設計することが大切。外観を損ねないデザインや、雨に濡れない動線などまで考慮したい

文責：編集部

建物と一体化させた "ビルトインガレージ風" の駐車スペース

車をすっきりと駐車できるビルトインガレージ。しかし、ビルトインガレージは建蔽率や容積率の算入対象になり得るため、居住部分の床面積が狭くなるおそれがある。そこで、ファサードはそれらしく見えるものの実は屋根を架けていない "ビルトインガレージ風" の駐車スペースなら、狭小地でも建築と駐車スペースを一体的に見せることが可能だ。

窯業系サイディング

左官

ガルバリウム鋼板

雨水の排水と泥跳ね防止のため、割栗石を敷地境界沿いに敷いている。割栗石は砂利よりも粒が大きく、素材感を強く出せる

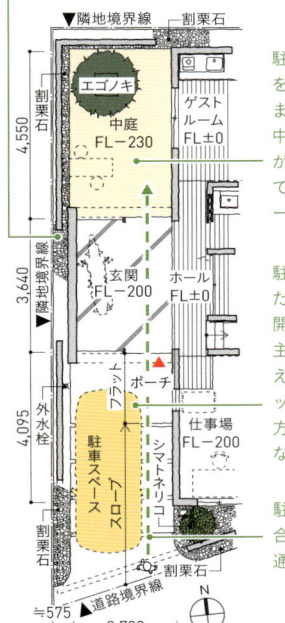

平面図[S＝1:200]

▼隣地境界線　　割栗石

割栗石

エゴノキ

中庭
FL−230

ゲスト
ルーム
FL±0

隣地境界線

玄関
FL−200

ホール
FL±0

ポーチ

外水栓

駐車
スペース

仕事場
FL−200

シマトネリコ

割栗石　　割栗石

≒575

≒575

2,730

4,550

3,640

4,095

▼道路境界線

N

駐車スペースからは玄関を経由して中庭に土足のまま行くことができる。中庭は前面道路から距離があるため、車が停まっていなくても、プライベートな庭として機能する

駐車スペースに必要な広さを検討するために、車種に加えて、バックドアの開閉方式や利用頻度などを事前に建築主に確認しておきたい[127頁]。たとえば車のバックドアが跳ね上げ式（ハッチバック）の場合、駐車スペース後方には1,200mm程度の奥行きが必要となる

駐車スペースがアプローチも兼ねる場合、車が駐車していても900mm程度の通路幅が確保できるようにしたい

外壁の素材を、ガルバリウム鋼板、窯業系サイディング、左官と切り替えることで、3つのボリュームがある建物に見せ、圧迫感を軽減している。また、駐車スペース入口の外壁の開口は、高すぎると建物のプロポーションが悪くなる。ここでは、ルーフキャリアを付ける場合も考慮して、車高＋500mm程度（高さ2,300mm）と最低限の高さに設定

きゃしゃで涼しげな樹形の落葉広葉樹
エゴノキ

エゴノキ科の落葉広葉樹（高さ7〜10m）。花期は5月〜6月。暑さにも寒さにも強く、広い地域で育てられる。西日と乾燥を嫌う。園芸品種の「ピンクチャイム」はシンボルツリーとして人気

解説：渡辺ガク「洗足池の家」所在地：東京都、建物写真：渡辺ガク、設計：g_FACTORY建築設計事務所

カーポートは門のような構えで、存在感のある大屋根の建物を引き立てる

カーポートの軒をアプローチ側に深く出し（柱心から1,500㎜程度）、軒下にポストを設置。アプローチ側の壁は来訪者の目につきやすい部分なので、板張りの場合は節の少ない材を用いるなど意匠に配慮するとよい

存在感を抑えた カーポート

カーポートは、住宅全体のデザインや街並みにも大きな影響を与える。上段の事例のように建物のデザインと統一感をもたせる工夫のほか、高さを抑えて屋根を薄く見せるなどしてカーポートをさりげなく設置することもできる。

雨水をスムーズに流し、同時に屋根をより薄く見せて存在感を抑えるには、屋根をR形にするのも一策

屋根の前面側には樋を付けて、雨水を両端に流している

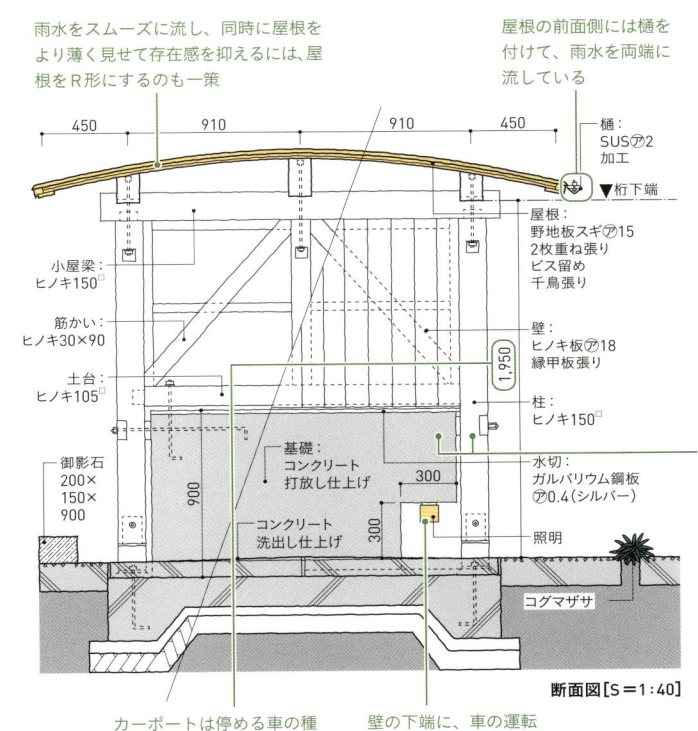

450 910 910 450

樋：
SUS⑦2
加工

▼桁下端

小屋梁：
ヒノキ150

筋かい：
ヒノキ30×90

土台：
ヒノキ105□

御影石
200×
150×
900

基礎：
コンクリート
打放し仕上げ

コンクリート
洗出し仕上げ

屋根：
野地板スギ⑦15
2枚重ね張り
ビス留め
千鳥張り

壁：
ヒノキ板⑦18
縁甲板張り

1,950

柱：
ヒノキ150□

水切：
ガルバリウム鋼板
⑦0.4（シルバー）

照明

900

300

300

コグマザサ

構造上の理由から、カーポートの壁は高さ900mmまではコンクリート打放し仕上げ。ただし、木製の柱を地面まで通して、前面道路からはコンクリートの仕上げが見えないようにしている

断面図[S＝1：40]

カーポートは停める車の種類に合わせて高さを抑える（ここでは1,950mm）と、圧迫感を軽減できる

壁の下端に、車の運転席側とアプローチを同時に照らす照明を設けている

背丈が低く管理しやすい下草　コグマザサ

イネ科の常緑多年草（高さ0.1～0.3m）。クマザサの矮品約10種の総称。環境適応性が高く、日なたから半日陰で育つ。見た目が和風で日本庭園に合う

解説：田中敏溥「春日井の家」所在地：愛知県、建物写真：垂見孔士、設計：田中敏溥建築設計事務所＋木下治仁建築設計事務所

建物に似合う
デザインの
カーポート

既製品のカーポートなどを無計画に設けると、建物のデザインと調和せず雑然とした印象になりかねない。手間を少しかけてでも、利便性が高く建物に似合うデザインのカーポートを計画したい。

カーポート

前面道路側には、来客用の駐車スペースを設けている。コンクリート洗出しの地面には、スリットを入れてタマリュウを植栽。車が停まっていない時間が長くても殺風景にならないようにしている

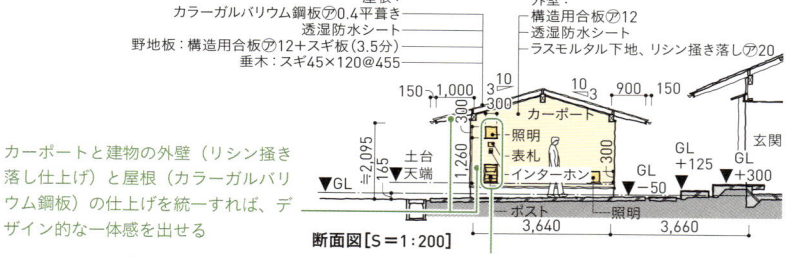

屋根：
カラーガルバリウム鋼板⑦0.4平葺き
透湿防水シート
野地板：構造用合板⑦12＋スギ板（3.5分）
垂木：スギ45×120@455

外壁：
構造用合板⑦12
透湿防水シート
ラスモルタル下地、リシン掻き落し⑦20

カーポートと建物の外壁（リシン掻き落し仕上げ）と屋根（カラーガルバリウム鋼板）の仕上げを統一すれば、デザイン的な一体感を出せる

断面図[S＝1：200]

カーポートの軒とけらばの出を深く出せば、雨の日でも安心して建物と行き来できる（ここでは900〜1,000mm）

カーポートのアプローチ側の壁面には表札とインターホン、ポスト、照明を設置。門柱の機能も兼ね備えると使い勝手がよい

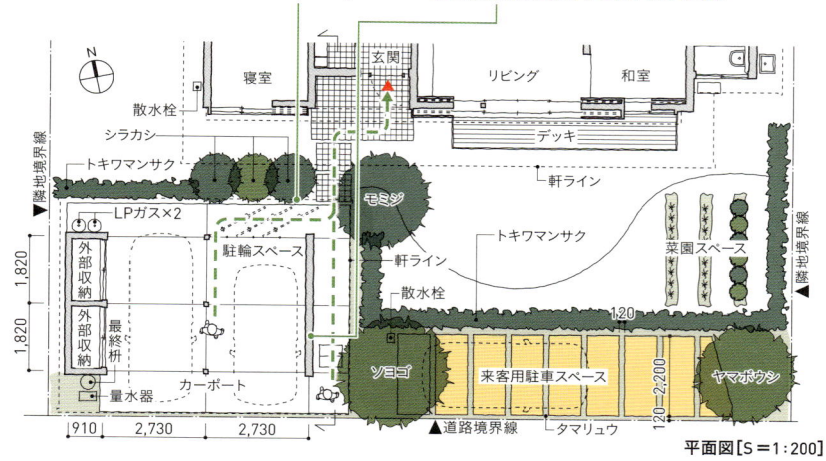

平面図[S＝1：200]

解説：田中敏溥「高松の家」所在地：香川県、建物写真：垂見孔士、設計：田中敏溥建築設計事務所＋木下治仁建築設計事務所

駐車スペースを庭の1つとして使う

大きな面積を占める駐車スペース。だが建築主が車通勤の場合、出社日の日中はその空間が活用されないことになる。ここでは、駐車スペースを庭として活用することを前提に、テラスを設けた。さらに2階にも庭を設けて、安心して子どもを遊ばせられる場所を複数つくった。

2階の庭の土は盛り上げ、芝を敷いた。庭を2階のFLから500〜700mm高くしたことで、座って遊ぶ子どもに室内から目が届く。庭はコストと性能の面からFRP防水を選択。FRPは紫外線により劣化しやすいが、土を入れ芝張りすることで劣化を防げる。なお、シート防水も同じく安価だが、シートの間から根が入り漏水することが懸念されるため屋上緑化には不適

柱
リビング
手摺
腰壁
洗濯室

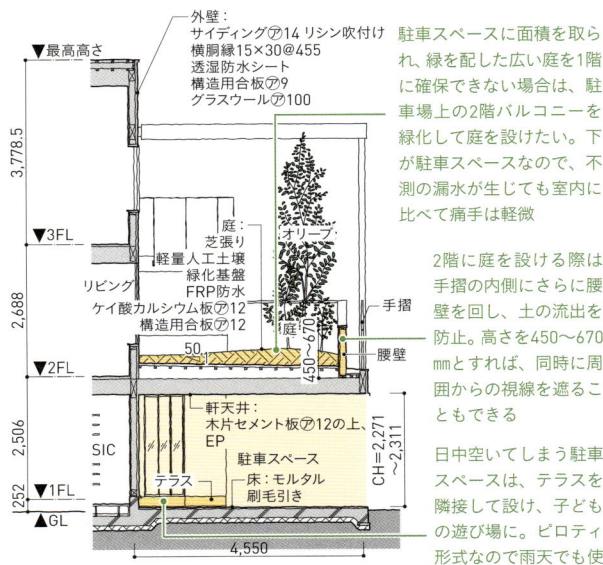

外壁：
サイディング⑦14 リシン吹付け
横胴縁15×30@455
透湿防水シート
構造用合板⑦9
グラスウール⑦100

▼最高高さ

3,778.5

▼3FL

庭：
芝張り
軽量人工土壌
緑化基盤
FRP防水
ケイ酸カルシウム板⑦12
構造用合板⑦12

リビング

オリーブ

手摺

50.1

450〜670

腰壁

2,688

▼2FL

軒天井：
木片セメント板⑦12の上、
EP

2,506

SIC

駐車スペース
床：モルタル
刷毛引き

CH=2,271
2,271
2,311

▼1FL

252

テラス

▲GL

4,550

断面図[S＝1：150]

駐車スペースに面積を取られ、緑を配した広い庭を1階に確保できない場合は、駐車場上の2階バルコニーを緑化して庭を設けたい。下が駐車スペースなので、不測の漏水が生じても室内に比べて痛手は軽微

2階に庭を設ける際は、手摺の内側にさらに腰壁を回し、土の流出を防止。高さを450〜670mmとすれば、同時に周囲からの視線を遮ることもできる

日中空いてしまう駐車スペースは、テラスを隣接して設け、子どもの遊び場に。ピロティ形式なので雨天でも使える

シルバーグリーンの葉がスタイリッシュ
オリーブ

モクセイ科の常緑広葉樹（高さ2〜20m）。花期は5月〜6月。温暖で雨の少ない環境を好む。園芸品種「シプレッシーノ」は直立性の樹形で、狭い庭でも育てやすい

解説：藤原徹平「弦巻の家」所在地：東京都、建物写真：中山保寛、建物設計：フジワラテッペイアーキテクツラボ、造園：ランドスキップ

駐車方法に合わせた駐車スペースの緑化

駐車スペースを緑化すれば、庭との一体感が増す。庭の植栽にどれだけ凝っても、駐車スペースをただ土間で仕上げただけでは、車がないときの庭全体が寂しい印象になってしまう。狭い駐車スペースでも、車輪の間や車の周囲に幅100mm程度のスリットを設ければ、緑化が可能。ここでは、駐車方法に合わせた駐車スペースの緑化手法を2つ紹介する。

前面道路の幅員が狭い場合

後輪が踏む部分は割栗石敷並べとし、間にグラウンドカバーのヒメツルニチニチソウを植えている

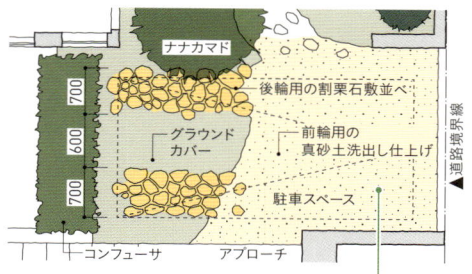

前面道路の幅員が狭いと、バック駐車の際に前輪を切り返す必要がある。その負荷に耐えるため、前輪側は真砂土洗出し仕上げに。切り返さずに駐車できる幅が前面道路にあれば、前輪が踏む部分のみを舗装し、ほかの部分を緑化することも可能

軽自動車を駐車する場合

車輪が踏む枕木は、幅600〜800mm程度必要。駐車が得意な建築主ならば幅400mm程度でも問題ない。ここでは、駐車するのが軽自動車に限定されるため、幅210mmの枕木を2本組み合わせ、車輪が乗るのに十分な幅を確保した

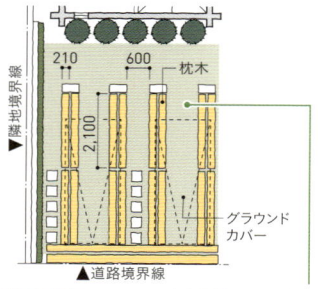

昼間の駐車スペースに車が不在で、日当りが良好ならば、枕木の間のグラウンドカバーは可能。昼間も駐車しているのが常態ならば、日が当たらずグラウンドカバーが育たないので、砂利敷きなどで代用する

グラウンドカバーや吊り鉢に　ヒメツルニチニチソウ

キョウチクトウ科の常緑ツル性植物（高さ0.1〜0.6m）。花期は3月〜7月。半日陰でも育ちやすく、寒さに強い。花と葉が小さく、寄せ植えに向く

左解説：栗田信三「山田さんの駐車スペース」所在地：東京都、駐車スペース写真：栗田信三、造園：彩苑
右解説：栗田信三「あんあんの家」所在地：東京都、駐車スペース写真：栗田信三、造園：彩苑

玄関の庇を活用する

自転車は、雨風を避けられ、かつ出し入れしやすい場所に置きたい。玄関の庇を延長してL字形に回し、屋根付きの駐輪スペースを玄関近くに設けるのも一手。脇に板塀も設ければ、雨や風から自転車を守り、見た目もすっきり保管できる。

自転車が家の前に何台も並んでいると雑然とし、生活感が漂いかねない。ここでは、駐輪スペースを板塀で目隠しし、ファサードをすっきり見せている

見ごたえのある花と自然樹形を楽しむ
カマツカ

バラ科の落葉広葉樹（高さ2〜7m）。花期は4月〜5月。耐寒性と耐暑性があり、丈夫で管理しやすい。株立ち樹形で横に広がるため、十分なスペースが必要

玄関は駐車スペース側に向ける。道路から室内をのぞき見されにくい

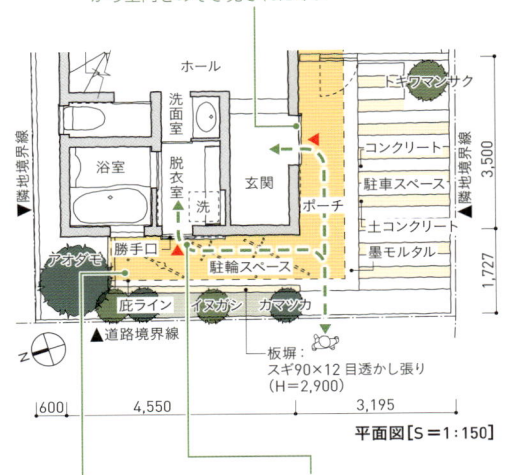

平面図[S＝1：150]

建築主は車を使わないので、駐車スペースは専ら来客用。駐車スペースとしての機能を持たせながら庭として楽しめるように、通常のコンクリートと土コンクリート[34頁]を交互に打設している[※]。土コンクリート部分は途中から土に切り替わるように打設し、土部分には下草の種をまいた

庇を駐車スペースからポーチまで連続して設ければ、雨の日でも濡れずに出入りできる

駐輪スペースを勝手口に面して設ければ、買い物後の荷物を自転車から直接室内に運び込むことが可能

解説：中西義照「うちんく」所在地：京都府、建物写真：伊藤裕司、建物設計：FORMA、造園：eni
※ 駐車スペースがスロープ状のため、コンクリートと土コンクリートを交互に打設することで、土コンクリート部の土が雨で流出しないように配慮している

既製品サイクルポート
を板塀で隠して
すっきり見せる

頑丈につくられた既製品のサイクルポートは耐久性も高い。ただ、その多くはアルミ製で、趣のあるファサードと組み合わせると、異物感が生じがち。既製品サイクルポートは板塀で囲うなどして、家の外観とうまくなじませたい。

ヤマボウシ
板塀
リシン掻き落し仕上げ

サイクルポートを既製品そのままの高さ（約2m）で設置すると、それを隠す板塀が高くなりすぎ、圧迫感が生じる。建築主が屋根に頭をぶつけない程度にサイクルポートの高さを下げ、ファサード全体のバランスを整えている。板塀の足元に下草も植栽し、印象をやわらげている

単独で均整の取れた
シンボルツリー
ヤマボウシ

ミズキ科の落葉広葉樹（高さ3〜15m）。花期は5月〜7月。新緑・花・実・紅葉と1年を通して見どころがある。背が高くならないため庭木として人気

サイクルポートの樋を雨水排水管に接続せず、砂利などに浸透させる場合、樋を土間の水上側に配置すると、雨水が流れて土間が汚れてしまう。必ず水下側に設置する

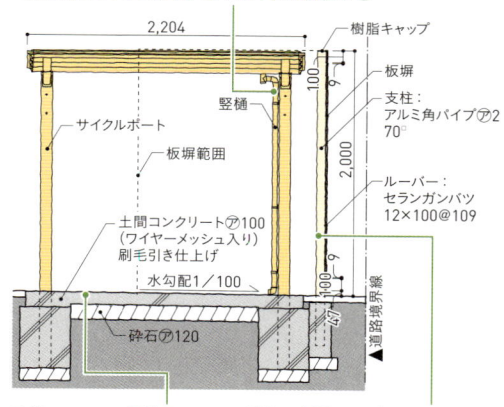

2,204
樹脂キャップ
板塀
支柱：アルミ角パイプ⑦270
竪樋
サイクルポート
板塀範囲
ルーバー：セランガンバツ12×100@109
土間コンクリート⑦100（ワイヤーメッシュ入り）刷毛引き上げ
水勾配1／100
100
2,000
▲道路境界線
碎石⑦120

駐輪スペース 詳細図 ［S＝1：60］

既製品サイクルポート

既製品サイクルポートは、柱脚を100mmほどカット。さらに標準施工よりも100mm深く埋め込み 合計200mm高さを縮めた

駐輪スペースの舗装は土間コンクリート刷毛引き仕上げ。多少の凹凸があることで雨の日でもタイヤが滑らず、子どもでも安心して使える

板塀は南洋材（セランガンバツ）を使用。耐水・耐久性が高いため、素地のままでもOK

［資料］駐車・駐輪スペース

外構計画で特に細心の注意を払いたいのは車・自転車廻りの寸法だ。車種、台数を把握するのはもちろんのこと、駐車・駐輪しやすさへの目配りも怠らないこと。

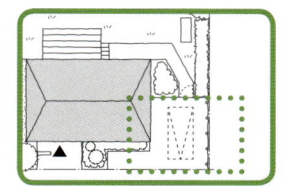

自動車

軽自動車

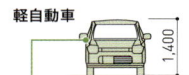 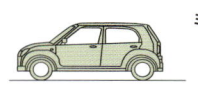

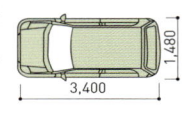

昭和24年に規格制定。当初は長さ2,800mm、幅1,000mm、高さ2,000mm、排気量が150cc（4サイクル）・100ccであった。需要増に伴う規制緩和により、現行では排気量660cc以下、図のサイズ以内になった

ミニバン

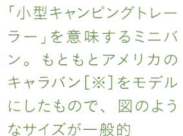

「小型キャンピングトレーラー」を意味するミニバン。もともとアメリカのキャラバン［※］をモデルにしたもので、図のようなサイズが一般的

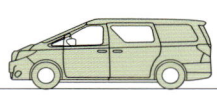

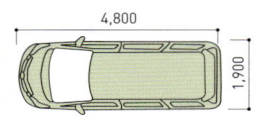

5ナンバー車

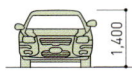

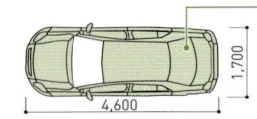

3ナンバー車

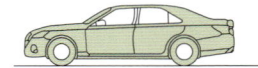

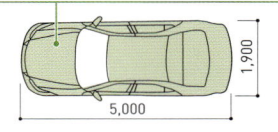

小型普通乗用車を示す5ナンバー車は排気量2,000cc以下、車長4,700mm以下、幅1,700mm以下、高さ2,000mm以下であるものを指す。このうち1つでも超える寸法があると、普通乗用自動車を示す3ナンバー車として登録される。3ナンバー車は高級車に多い

車廻りに必要なスペース

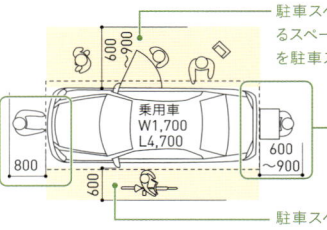

乗用車 W1,700 L4,700

車の前面は、ボンネットを開いて日常点検作業ができるよう、800mm程度のスペースを確保したい

駐車スペースは自動車の幅に加えて、乗降時にドアを開けるスペースが必要。車種にもよるが、600〜900mmの余裕を駐車スペースの両側に見込んでおきたい

自動車の後方はハッチバックを開けて荷物を出し入れするために600〜900mmのスペースがあるとよい

駐車スペースが動線上にある場合は、駐車しているときでも通り抜けられるよう、600mm程度のスペースを確保しておきたい

解説：松下高弘（エムデザインファクトリー）
※ 1983年にクライスラーの子会社ダッジが製造した小型のキャンピングトレーラー。従来のキャンピングトレーラーよりも小型で、ミニバンブームの先駆けとなった

平行駐車に必要なスペース

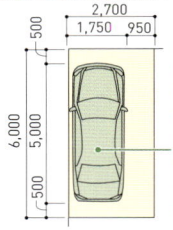

3,000
500 5,000 2,000～2,500
7,500～8,000
前面道路

前面道路に平行に駐車する場合、左図の駐車スペースを確保すれば、前面道路幅に関係なく駐車できる。前面道路の幅員が4mなら、駐車までに7～7.5mの道路の長さが必要

平行駐車時の車体軌道

前進入庫は左後輪軌道が出っ張るため注意が必要

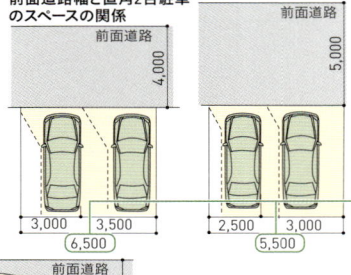

4,000
前面道路
3,000
5,000
7,000～

直角1台駐車に必要なスペース

2,700
1,750 950
500
500
6,000 5,000
500

前面道路に対して直角に駐車する直角駐車。車幅1,750mm、全長5,000mmの3ナンバー車（右ハンドル）の場合、駐車スペースの最小寸法は図のとおり

前面道路幅と直角2台駐車のスペースの関係

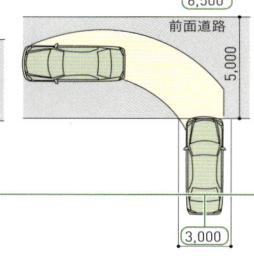

前面道路
4,000
5,000
前面道路

3,000 3,500
(6,500)

2,500 3,000
(5,500)

前面道路に対して直角に2台を並べる場合は、前面道路5mの場合は駐車スペース幅が5.5m、4mの場合は6.5mが必要

前面道路幅と直角1台駐車のスペースの関係

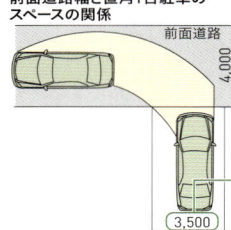

前面道路
4,000
5,000
前面道路

3,500
3,000

直角駐車では車の前輪右側の軌跡が大きく膨らむ。前面道路幅が5mの場合、駐車スペースの幅は3mで済むが、前面道路幅が4mの場合は、3.5m必要

車止めと駐車スペースの大きさ

駐車スペースの車止めは、コンクリート製で、断面は120mm角のものが主流。位置は軽自動車とそれ以外で異なり、軽自動車は後方300～500mm、それ以外は1,000～1,200mm

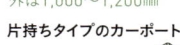

1,000～1,200
700
600 600
2,500
普通自動車
600 600
600 600
2,000
300 500
軽自動車

片持ちタイプのカーポート

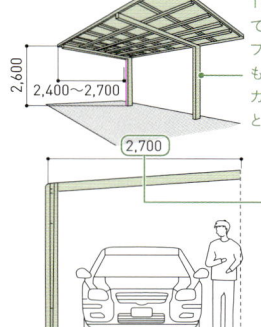

2,600
2,400～2,700
(2,700)

1台駐車のカーポートでは片持ち支持タイプが主流。車幅よりも最低1,000mm広いカーポートを導入すると、乗り降りしやすい

幅は片持ちタイプで2,400・2,700mm、両側支持タイプで4,800・5,400・6,000mmのものが一般的。乗り降りのしやすさは、片持ちタイプで2,700mm以上、両側支持タイプで5,400mm以上がよい

両側支持タイプのカーポート

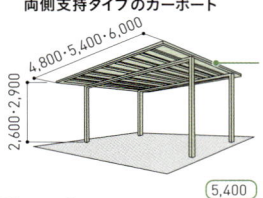

4,800・5,400・6,000
2,600・2,900

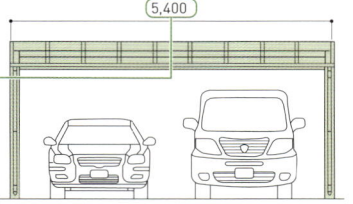

(5,400)

2台駐車の場合は、両側支持タイプのカーポートが主流。駐車する自動車の車幅合計＋1,500mm以上の幅のあるカーポートにすると乗り降りしやすい

自転車・駐輪スペース

シティサイクル（大人用自転車）

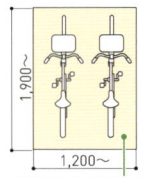

500
1,000
1,600

JIS規格により全長1,900mm以下で車幅は600mm以下、座面高さは1,100mm以下と決められている

子ども用自転車

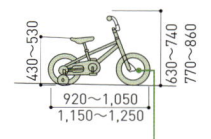

430〜530
630〜740
770〜860
920〜1,050
1,150〜1,250

子ども用自転車は100〜200mm程度の調節が可能なものが多い。成長に合わせて調節できる

子ども乗せ自転車

1,100〜1,200
1,100

子ども乗せ自転車には子どもの頭部を守るガードがあり、シートベルトが付いている

スポーツバイク

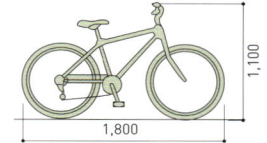

1,100
1,800

キックボード

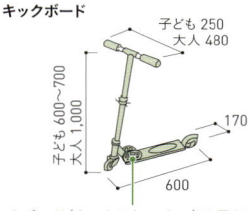

子ども 250
大人 480
子ども 600〜700
大人 1,000
170
600

キックボード（キックスケーター）は子ども用と大人用で高さが400mm前後異なる。電動キックボードは道路交通法上の「車両」に該当し、電動式モーターの定格出力などに応じた車両区分に分類される。近年はシェアリングエコノミーとして人気で、特定小型原動機付自転車に該当するものは、16歳以上であれば運転免許不要（16歳未満は運転禁止）で、ヘルメット着用が努力義務となるなどのルールが適用される

駐輪スペース

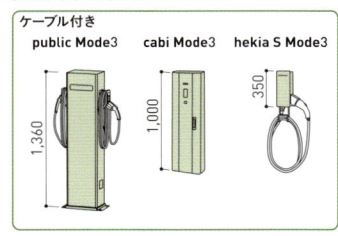

1,900〜
1,200〜
1,000
3,600

縦列駐輪スペースは、斜めに駐輪させるとスペースを節約できる

並列駐車の駐輪スペースは、自転車の全長＋100mm程度の奥行きと、駐輪の動作ができる幅（60〜70mm）を確保したい

電気自動車充電スタンド

電気自動車充電スタンド

ケーブル付き

public Mode3　cabi Mode3　hekia S Mode3

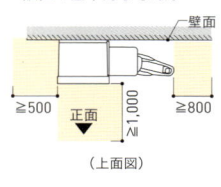

1,360
1,000
350

脱炭素・環境志向の高まりから増え始めた電気自動車。建築主が所有している場合、自宅駐輪車スペースには電気自動車充電スタンドの設置がマスト。スタンドタイプと壁面取り付けタイプに大別され、敷地の面積や建築主のニーズに合わせて設置したい。ケーブル付きとケーブルなしのものがあり、ケーブル付きの場合は収納した際に地面につかないよう巻き付けて設置しなければならない

ケーブルなし
mine

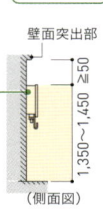

1,590

充電コンセント

カバー付き屋外コンセント　　屋外コンセント

190
126

電気自動車充電スタンドが設置できない場合は、壁面取り付けのカバー付き屋外コンセントが便利。錠により盗電を防止できるものもある

設置の基本的な考え方

壁面
≧500　正面　≧800
≧1,000
（上面図）

壁面突出部
≧50
1,350〜1,450
設置に際しては、充電作業ができるだけの空間を確保しなければならない。設置場所は基本的に庇の下に設定する

（側面図）

右頁・左頁上段解説：松下高弘（エムデザインファクトリー）
左頁下段解説：パナソニック（資料提供：パナソニック製品エルシーヴカタログ）

［外部収納・離れ・薪置き場］

住　宅の外部に設置される外部収納・離れなどのスペースは、建築主が利用する際の動線を考えて、最適な場所を選びたい。特に離れは母屋との距離感が鍵になる。離れを遠くに設置する、入口を母屋から見えなくするなどすれば、離れでのプライバシーを高めることができる。逆に近づけてオープンにすれば身近な離れとなり、母屋との一体感が生まれる。薪置き場はほどよく囲んで、隣地や道路からの目隠し的に配置するとよい。

視線を緩やかに遮る薪置き場

薪置き場

基本的に外部に設ける薪置き場は、外部からの視線を緩やかに遮るよう配置するとよい。薪の増減で囲い度合いを変更できる便利な外構となる

生活動線上に便利なスペースを

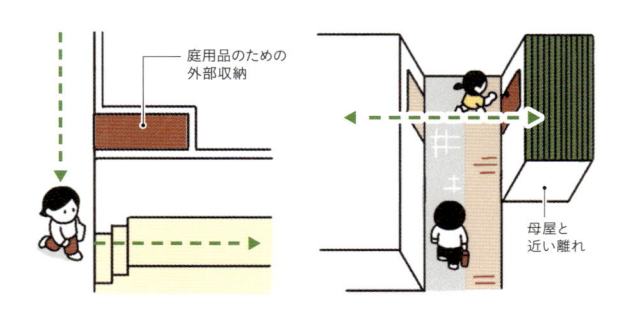

庭用品のための外部収納

母屋と近い離れ

必要なモノが必要な時に利用できるようにするためには、その行為の動線上に収納を配置するとよい。離れは、建築主の利用目的を考慮する

文責：編集部

自然な外観で
既存建物とも
調和する 離れ

離れを増築でつくる場合は、既存部分と一定の距離を保ちながらも一体のものとして使えるように、入口を正対させて連続させるなど、間取りやデザインに工夫を施したい。離れは子ども用のスペースや仕事場に活用できる。

離れを庭から見る。母屋と近接しているにもかかわらず、外装のデザインは圧迫感を与えない

離れ入口を和室から見る。和室の掃出し窓と離れの入口を正対させることで、離れを母屋の延長のように見せている

敷地に余裕がない場合は、離れを母屋に近接させるのも一手。ここでは、和室から1,197mmの位置に正対させた。高さ2,706mmの離れは東側道路からの視線を遮り、母屋のプライバシーを高める役割も果たす

既存建物の東側に離れ（7.91㎡）を計画。土を掘り下げて半地下の離れとすることで、スペースを確保した。大がかりな基礎補強を避けることにもつながる

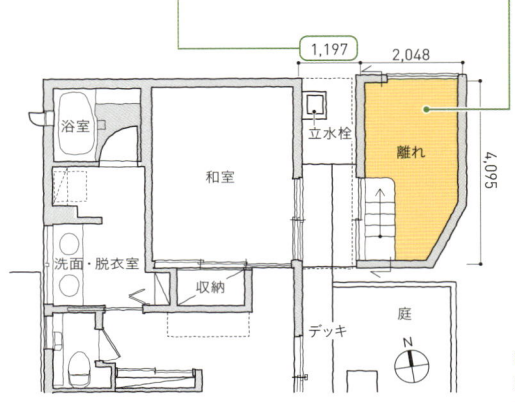

平面図[S＝1:150]

1,197
2,048
4,095

浴室
立水栓
離れ
和室
洗面・脱衣室
収納
デッキ
庭
N

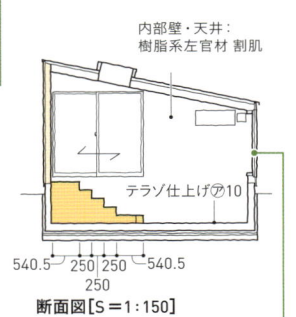

断面図[S＝1:150]

内部壁・天井：
樹脂系左官材 割肌

テラゾ仕上げ⑦10

540.5 250 250 540.5
250

離れは敷地の擁壁とイメージをそろえて自然な印象になるように工夫した。外壁にさび茶色の外装使用可能な内装ボードを使用し、地面と同系統の色にした

解説：鈴木俊彦「五角のハナレ」所在地：兵庫県、建物写真：笹倉洋平（笹の倉舎）、設計：SQOOL

使いやすく
見ていても楽しい
薪置き場をつくる

薪置き場を塀として設ければ、外からの視線をさり気なく遮る目隠しになる。薪の増減に伴って見え方が変わる楽しさもある。この事例では、駐車・駐輪スペースと個室前庭の間に薪置き場を計画した。駐車・駐輪スペースと庭の双方から、薪の搬入や取り出しができて使い勝手もよい。

前庭より薪置き場を見る。薪の量によって見え方が変化する。夏は簾やメッシュシートなどを掛ける

北西の前面道路に面する駐車・駐輪スペースの奥に薪置き場を配置した。地域によっては、薪が外部から見える部分は外側にシートを掛けるなど、放火を防ぐ配慮が必要になる

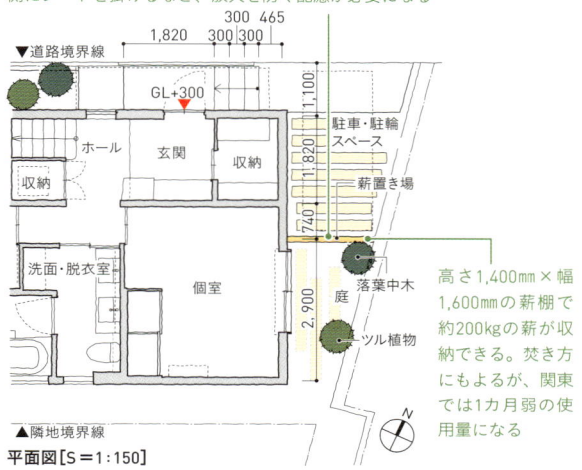

▼道路境界線

300 465
1,820 300 300

GL+300

▼ホール　玄関　収納
収納
洗面・脱衣室
個室

駐車・駐輪スペース
薪置き場
落葉中木
ツル植物

1,100
1,820 11,820
740
2,900

庭

▲隣地境界線
平面図[S＝1:150]

高さ1,400㎜×幅1,600㎜の薪棚で約200kgの薪が収納できる。焚き方にもよるが、関東では1カ月弱の使用量になる

薪棚には幅280㎜の小庇を取り付けた。本来薪の幅（300~420㎜）以上の幅が望ましいが、ここでは、乾燥した薪を降雨が少ない冬に数回に分けて購入するため、限られたスペースに設置できる寸法とした

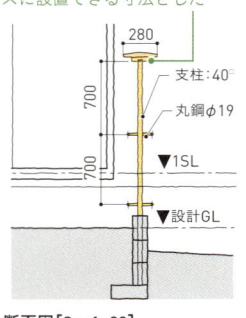

280
700
支柱：40
丸鋼φ19
700
▼1SL
▼設計GL

断面図[S＝1:80]

解説：赤沼修「碑文谷の家」所在地：東京都、建物写真：吉田香代子、設計：赤沼修設計事務所

寒冷地仕様の
外部収納・外水栓

寒冷地では水栓も凍ることがあるので、なるべく屋内に設置したい。外部収納に計画するのも一手。収納物は冬・夏用タイヤや雪対策用品などを想定し、寸法を決定する。

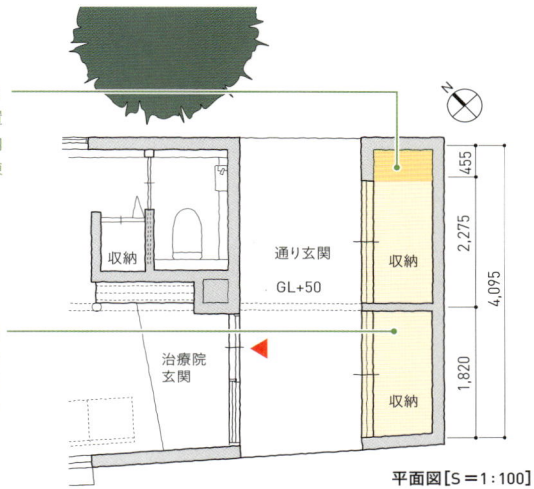

外水栓は冬期に凍結することがあるため、水抜き栓を設置するのが一般的。外部収納内に設置することで、水栓の凍結を防止できる

寒冷地の外部収納は冬の道具をしまうことが多い。車の台数や、雪かきの道具など、どの程度の広さが必要であるかは建築主に確認する

収納

通り玄関
GL+50

治療院
玄関

収納

収納

455
2,275
4,095
1,820

平面図[S＝1：100]

南西より建物を見る。建物右手の植栽は既存の樹木を移植した。外部収納は建物と連続した屋根で覆われ、一体として見える

解説：渡辺ガク「諏訪のHouse & Clinic」所在地：長野県、建物写真：上田宏、設計：g_FACTORY建築設計事務所

戸袋を利用した便利な外部収納

戸袋の余ったスペースを外部収納として活用することもできる。駐車スペースと南庭に面した手に取りやすい場所に、箒、高枝切りばさみ、肥料などを収納するように計画した。

建物南東面の角に設けられた外部収納。わずかなスペースであるが、庭の手入れの日用品をしまうには十分

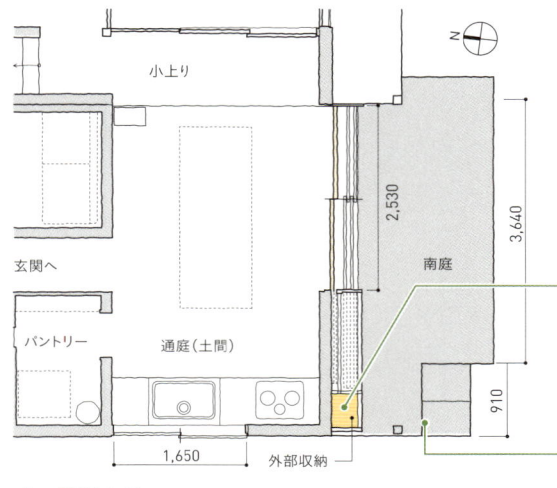

平面図
[S＝1：100]

小上り

玄関へ

パントリー

通庭（土間）

南庭

2,530

3,640

910

1,650

外部収納

駐車スペース

引込み戸を開けると通庭と南庭が一体になる。この引込み戸の戸袋の余ったスペースを外部収納として活用。手に取りやすく、手入れがしやすい

通庭、南庭は、建物を南北に貫通した土間空間となっている。土間には、タイルや大理石より柔らかく、三和土のように素朴な大谷石を使用した

［資料］外部収納・その他

ここでは外部収納および、外構・庭廻りでよく使われる製品を中心に解説する。加えて、エネファームなど外部に設置されることも多い住宅設備の一部も紹介する。

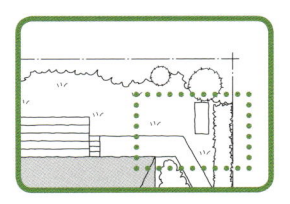

外部収納・薪置き場・ミニハウス

小型物置

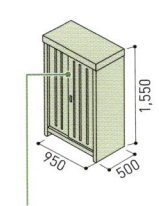

1,550 / 950 / 500

大型物置（造作）

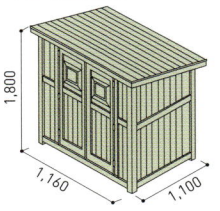

1,800 / 1,160 / 1,100

薪置き場

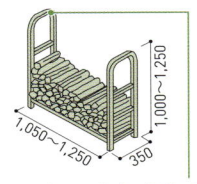

1,000～1,250 / 1,050～1,250 / 350

主に庭を整備する道具や日用品、使用頻度の低いものを保管する。奥行き900mm程度の小型外部収納とそれ以上の大型外部収納に大別される。近年では奥行き900mmよりもさらにコンパクトな省スペースタイプもある

薪ストーブのある住宅に必須の薪置き場。薪の長さは主に360mmか460mmなので、奥行きを350mmとすると、取り出しやすい

離れ・ミニハウス

既製品の離れ・ミニハウスは工期が短く施工性が高い。コンセント・換気扇などが標準装備されているものもある。幅6,100mmのもので10畳程度のスペースとなる。設置に際しては地盤をブロックや土間コンクリートでフラットにするとよい。防火・準防火地域の場合や、延床面積が10㎡を超える場合は確認申請が必要

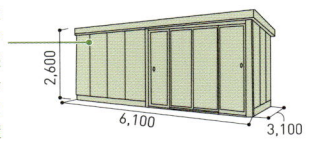

2,600 / 6,100 / 3,100

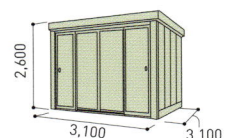

2,600 / 3,100 / 3,100

その他1

犬小屋

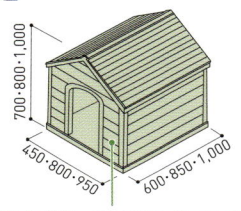

700・800・1,000 / 450・800・950 / 600・850・1,000

最近は室内飼いが一般化しているものの外部犬小屋の需要はまだある。犬小屋は犬の体高や体長に合わせて選ぶのがベスト。外部寸法は左図のとおり、大きい順に大型犬用・中型犬用・小型犬用。内部空間の広さは、中で犬が回れるくらいが目安

鳥の巣箱

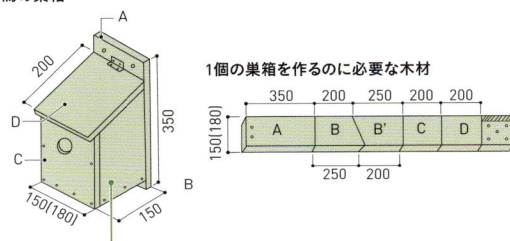

200 / 350 / 150(180) / 150

1個の巣箱を作るのに必要な木材

350 / 200 / 250 / 200 / 200 / 150(180) / A / B / B' / C / D / 250 / 200

庭の樹木などに取り付ける鳥の巣箱の大きさは、呼び寄せたい鳥の種に応じて多少の違いがある。スズメやシジュウカラなら縦横が150mm、高さ200mm、出入りする孔の大きさは直径30mm程度。ムクドリなら縦横180mm、高さ300mm、孔の大きさは直径40～50mm程度

物干し竿

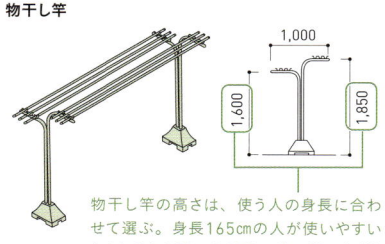

1,000 / 1,600 / 1,850

物干し竿の高さは、使う人の身長に合わせて選ぶ。身長165cmの人が使いやすいとされる1,600〜1,850㎜が一般によく流通している

室外機・室外機カバー

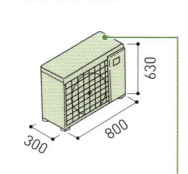
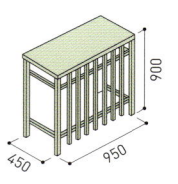

630 / 300 / 800 / 900 / 450 / 950

室外機の寸法は機種によって異なるが、上図程度が一般的。なお、取り付け足部分は室外機よりも大きくなることが多い。室外機カバーは室外機の機能を損なわないように通気性のあるものを設置する

コンポスト

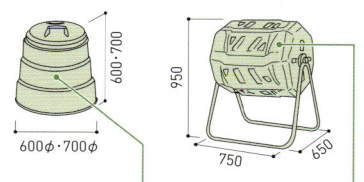

600・700 / 950 / 600φ・700φ / 750 / 650

庭の落ち葉や、調理で生じた野菜の生ごみなどから堆肥をつくるコンポスト。設置式と回転式の2種類がある。発酵によるにおいが発生することもあるため、設置場所に注意

屋外用ヒーター

天井取り付け

950φ / 90 / 1,160 / 190 / 450φ / 2,300 / 410 / 220φ　床置きタイプ / 600φ　スタンドタイプ

天井取り付けのものは、設置箇所のほか配線の確保などにも要注意。気候条件の変化への対応も難しい。床置きタイプ・スタンドタイプなら設置も容易で、気候に合わせやすい

エネファーム

910 / 400 / 510 / 400 / 幅：350 / 1,100 / 700 / 400 / 60 / 115 / 1,650 / 1,650 / 1,650

別置き型　　**一体型**

都市ガスやLPガスから取り出した水素と、空気中の酸素を化学反応させて電気をつくるシステム。燃料電池ユニットと貯湯ユニットが一体となったタイプと、別になったタイプの2種類がある

エコキュート

715 / 810 / 2,100 / 700 / 825

空気中の熱を利用し電気でお湯を沸かすことのできる電気給湯器。正式名称は自然冷媒ヒートポンプ給湯器。ヒートポンプユニットと貯湯ユニットは別置きになる

蓄電池

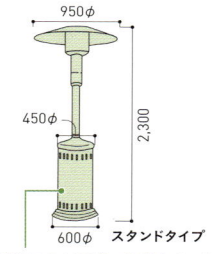

a 4.2kW・b 8.4kW・c12kW

a,b 610 / c 1,250 / 350 / a 500・b700・c1,100

照明計画

2章

外構照明 ………………………………… 138

外構照明は、夜間の安全を確保し、建物や庭などの景観を演出する。配線を後から外壁を貫通させて取り回すことは難しいので、設置位置は建物の設計段階で決めなければならない。器具は防雨型または防雨・防湿型を選び、海が近い場合は耐塩化製品を選ぶ。タイマースイッチ［※1］やEEスイッチ（明るくなると自動的にスイッチを「切」にして照明を消灯させるスイッチ）［※2］も便利。人感センサーならば簡易防犯になる。器具の必要台数やピッチは、照明の目的と敷地環境に応じて決めていく。

明かりを分散させて立体的に

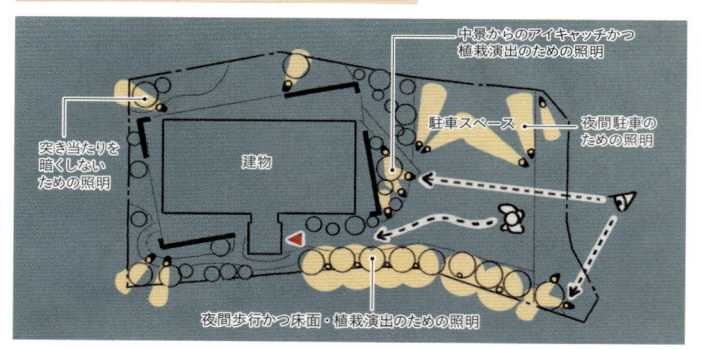

照明の機能と演出をうまく組み合わせる。外構の中にさり気なく小さな器具を設置し、光の向きや、必要以上に明るくしないように気をつける

建物設計段階で電源を確保

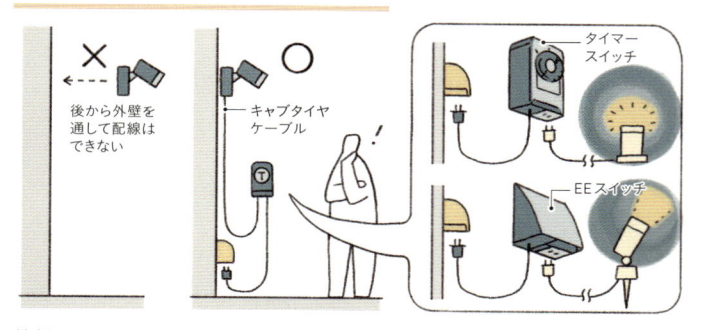

外部コンセントさえあれば、後からでもキャブタイヤケーブル［150頁］付きの照明器具を使って、必要な場所に照明を設置できる

※1「WTC5332W」（パナソニック）や「AE51198E」（コイズミ照明）など｜※2「EE4518W」（パナソニック）など

目的に応じて器具と光の出方を選ぶ

室内照明同様、外構照明も豊かな光環境を構築するさまざまな器具が用意されている。目的に応じて選び、照明をもっと楽しもう。ただし、近隣建物や通行人の迷惑にならないよう配慮する。一度設置すると取り外しは難しいため、注意が必要である。

器具の種類

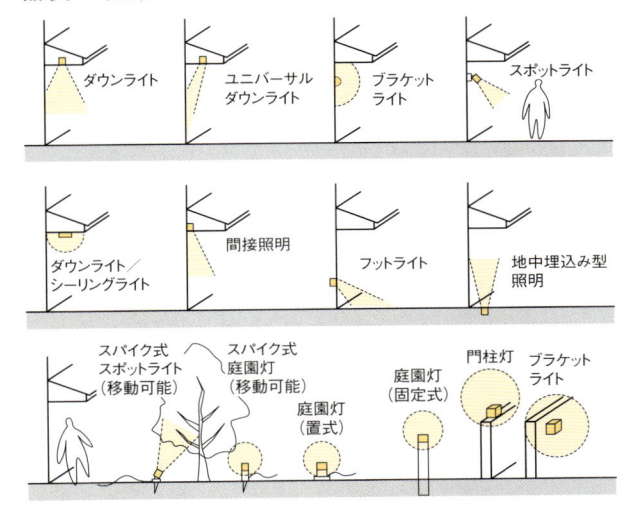

器具の色は黒、シルバー、白が一般的。植栽帯の中なら黒色、壁付けなら仕上げ材に応じてシルバーまたは白が目立ちにくい。スポットライトは植栽などの陰に置き、目立たないようにする

光の出方

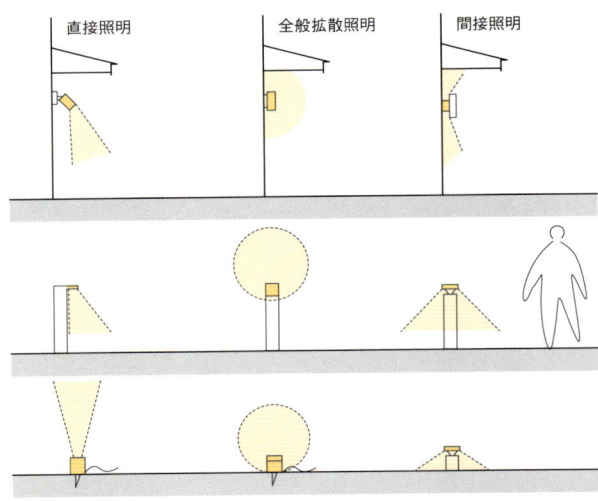

近年、「光害」という考え方が広がりつつある。近隣建物や通行人に不快感を与えないよう、光の出方や向きには十分注意してほしい。周辺環境が特に暗い場合、数台の小さな光源だけでも照明は成り立つ

人を迎える場所は 人の顔が見える ように

ポーチの照明は、人の顔がよく見えるように、また、ドアノブや錠の操作がしやすいようにする。器具は天井付けのダウンライトやシーリングライト、壁付けのブラケットライトやスポットライトなどから選択できる。アプローチはポール型照明（ボラードライト）や庭園灯、地中埋込み型照明（バリードライト）などで演出効果を高めるとよいだろう。

トリム厚に注意

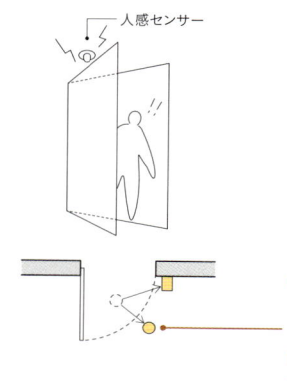

人感センサー

ダウンライトのトリム（枠）厚は2〜3mmだが、人感センサーには10mm以上のものもあり、ごくまれに戸に当たってしまう。人感センサーの位置を戸の軌跡より外側にしたり、天井ではなく壁付けのものを使ったりして、対応する

ポーチの直接照明

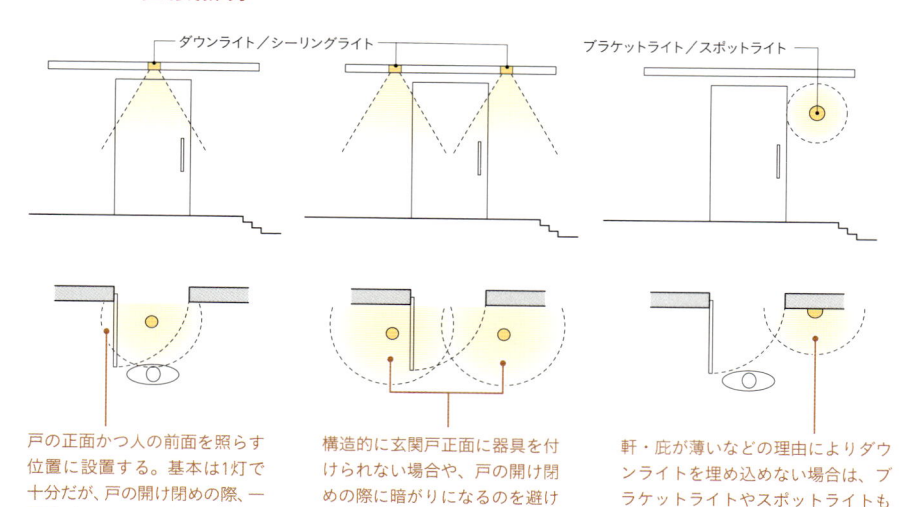

ダウンライト／シーリングライト

ブラケットライト／スポットライト

戸の正面かつ人の前面を照らす位置に設置する。基本は1灯で十分だが、戸の開け閉めの際、一瞬暗がりになるのを嫌がる人もいる

構造的に玄関戸正面に器具を付けられない場合や、戸の開け閉めの際に暗がりになるのを避けたい場合は、玄関戸の両側に1灯ずつ、計2灯を設置するとよい

軒・庇が薄いなどの理由によりダウンライトを埋め込めない場合は、ブラケットライトやスポットライトも効果的。なお、器具は必ず戸先に付ける。蝶番側に取り付けると、戸を開けたとき訪問客が暗がりになる

解説：園部竜太

ホッとする ほの明るい 常夜灯

外構照明は必要以上に明るすぎないことも大切。人感センサー付きの照明は防犯性に優れる。ただし、点滅によって近隣住人の迷惑になるおそれもあるため、設置する際は注意したい。

玄関戸先に付ける照明器具は①消費電力が小さい電球色、②光源が囲われているまたは乳白ガラスでまぶしくないもの、③表札や足元などを照らすため光が下向きのタイプ、がよい

玄関戸先に設置するブラケットライト高さは、表札・インターホン・ポストを考慮し、床から1,900mm程度が目安となる

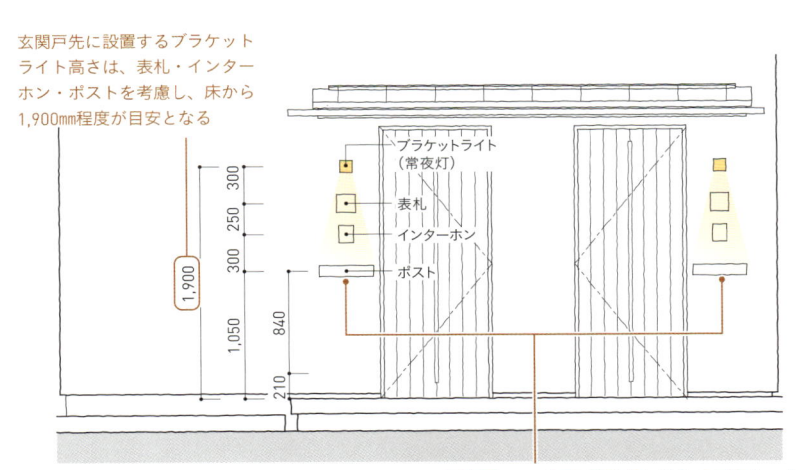

ブラケットライト（常夜灯）

表札

インターホン

ポスト

1,900

300
250
300
1,050
840
210

玄関立面図[S＝1:60]

下方面80lm（LED電球色6.6W）のブラケットライトが玄関戸先廻りをほの明るく照らす。EEスイッチに連動させ、外が暗くなると自動的に点灯する

アプローチ階段に地中埋込み型照明を設置し、下から壁と天井を照らして素材感を強調。反射光が段差を歩くための明るさを確保する

地中埋込み型照明

地中埋込み型で演出効果を高める

石や左官など素材感のある外壁は、演出効果の高い地中埋込み型照明で照らすとよい。意図的に配置した局部照明がメリハリのあるアプローチ空間をつくる。

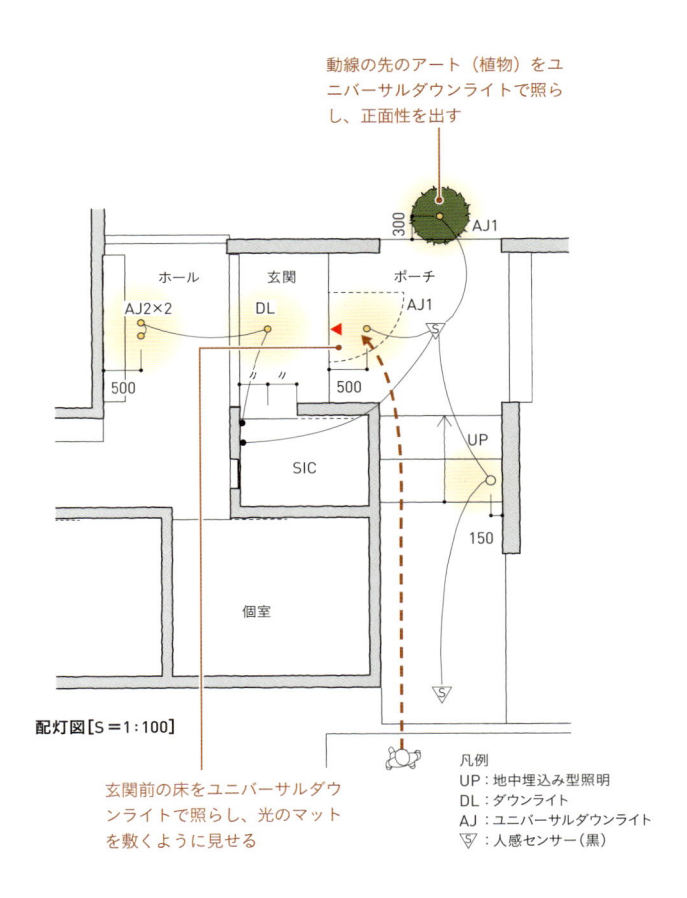

動線の先のアート（植物）をユニバーサルダウンライトで照らし、正面性を出す

ホール
玄関
ポーチ

AJ2×2
DL
AJ1

300
AJ1

500
500

SIC

UP

150

個室

配灯図[S＝1:100]

玄関前の床をユニバーサルダウンライトで照らし、光のマットを敷くように見せる

凡例
UP：地中埋込み型照明
DL：ダウンライト
AJ：ユニバーサルダウンライト
▽：人感センサー（黒）

解説：久保隆文「軽井沢I邸」所在地：長野県、建物写真：久保隆文、建物設計：アトリエ137、照明：Mantle

光で
アプローチを
つくる

狭小地に駐車スペースを設けると、アプローチに面積を割けなくなりがち。そんなときは、駐車スペースから玄関先まで照明による光の動線をつくるだけで、立派なアプローチに。

外周壁

建物2階の張り出した部分をアプローチに見立て、ダウンライトで光の動線をつくっている。外周壁側は庭園灯で照らし、最小限の光で駐車の誘導灯とした

アイストップとして駐車スペース奥にシンボルツリーを配植。スポットライトと庭園灯で照らせば、夜間も道路から目に留まる

配灯図[S＝1:150]

SP
イロハ
モミジ
GL
TL(床)L=1,300
GL
玄関
DL
駐車スペース
GL
BK×2
S
外壁ライン
外周壁
GL
DL
GL
5,565
1,800
6,843
2,393

凡例
GL：庭園灯
DL：ダウンライト
BK：ブラケットライト
SP：スポットライト
TL：テープライト
人感センサー

GL

▲地境界線
▲道路境界線

日本の秋を象徴する
モミジの代表種
イロハモミジ

ムクロジ科の落葉広葉樹（高さ5〜15m）。花期は4月〜5月。湿気のある日なたを好む中庸樹〜陽樹。環境や個体により赤・橙・黄とさまざまに紅葉する

解説：定方三将「天王寺の住宅」所在地：大阪府、建物写真：平野和司、設計：上町研究所

超狭角による
ストライプ
デザイン

旗竿敷地の竿部分は玄関アプローチ
と駐車スペースを兼ねる場合がある。
駐車のための光［146頁］を確保する
と同時に、車がない状態でも美的な照
明としたい。

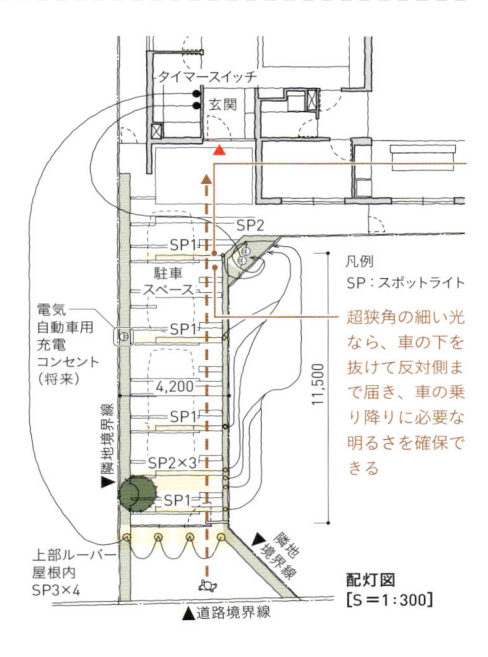

凡例
SP：スポットライト

超狭角の細い光
なら、車の下を
抜けて反対側ま
で届き、車の乗
り降りに必要な
明るさを確保で
きる

タイマースイッチ
玄関

SP2
SP1

駐車
スペース

電気
自動車用
充電
コンセント
（将来）

SP1

4,200

SP1

SP2×3

SP1

11,500

上部ルーバー
屋根内
SP3×4

隣地境界線

隣地境界線

配灯図
［S＝1：300］

▲道路境界線

スポットライトのピッチは
床仕上げのストライプに
合わせて決めた

解説：園部竜太「HNG」所在地：東京都、アプローチ写真：園部竜太、建物設計：debual LLC、造園：en景観設計、照明：ソノ
ベデザインオフィス

車の乗り降りや出し入れを安全にする光

駐車スペースの照明は、車のドア廻りを照らし、乗降の際に手元・足元がよく見えるようにする。また、駐車スペースの奥と前面にも光が広がるようにし、死角になりやすい車の前後の注意を促す。室内同様、ブラケットライトや間接照明も可能だが、車を引き立てたい建築主のためには、ダウンライトやスポットライトがよいだろう。

駐車スペース奥と前面を照らす

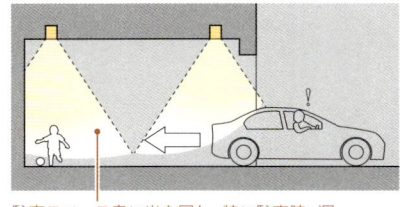
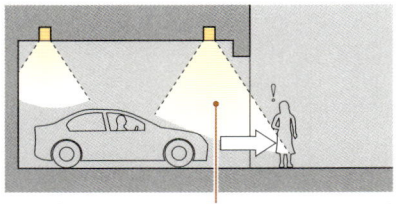

駐車スペース奥に光を回し、特に駐車時、運転者が人や障害物に気付けるようにする

駐車スペース前に光があふれるようにし、特に発車時、運転者と通行人がお互いに認識しやすくする

乗降位置をきちんと照らす

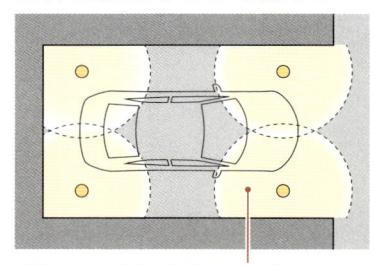

器具の位置は車幅や乗り降りの位置を考慮して決める。車のルーフを照らしても意味がないので要注意

駐車スペースが手狭な場合は、運転席側のみに光を集める。ただし、右ハンドル車と左ハンドル車を乗り換える場合には要注意

オーバースライダー式の場合

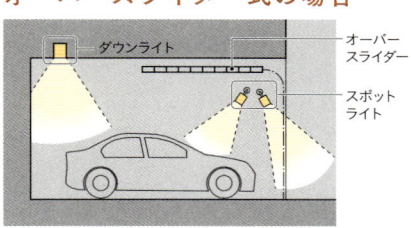

ダウンライト
オーバースライダー
スポットライト

天井や壁に器具を設置できない場合

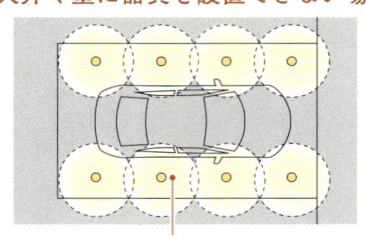

地面にポール型照明や庭園灯を並べて駐車スペース全体を照射する

明るい駐車スペースで
車を見せる

こだわりの車を美しく見せたいなら、光の量を増やすことを検討する。ダウンライトを用いる場合は、ユニバーサルダウンライト［47頁］で照射面を調整するとよい。

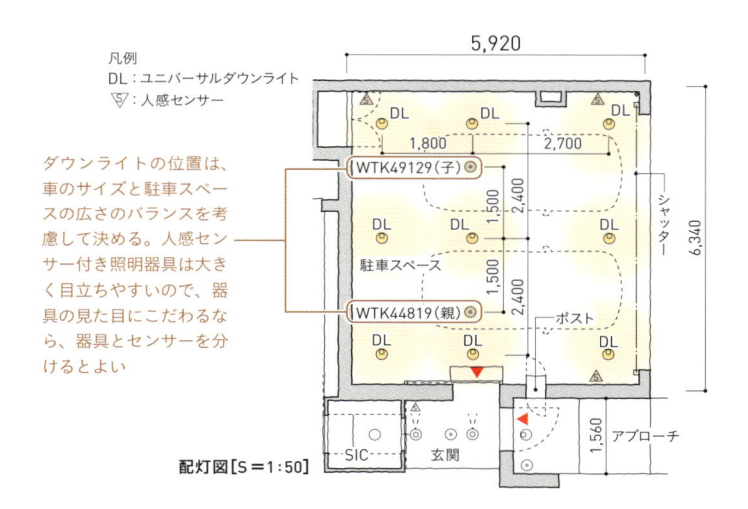

凡例
DL：ユニバーサルダウンライト
▽：人感センサー

ダウンライトの位置は、車のサイズと駐車スペースの広さのバランスを考慮して決める。人感センサー付き照明器具は大きく目立ちやすいので、器具の見た目にこだわるなら、器具とセンサーを分けるとよい

5,920

DL DL DL
1,800 2,700
WTK49129（子）
1,500 2,400
DL DL DL
駐車スペース
1,500 2,400
WTK44819（親）
ポスト
DL DL DL

シャッター 6,340

1,560 アプローチ
SIC 玄関

配灯図［S＝1：50］

ユニバーサルダウンライトで車に向けて光を照射。駐車のためだけでなく、車を見せる照明計画とした

解説：園部竜太 「KIT」所在地：神奈川県、建物写真：太田拓実、建物設計：アトリエエッコ、照明：ソノベデザインオフィス

情趣ある外構とするには、駐車スペースだけ煌煌と照らすことは避けたい。車には室内灯やトランク照明、バックランプなどがついていることを考慮し、演出照明のみに絞る手もある。

解説：久保隆文「軽井沢 I 邸」所在地：長野県、建物写真：久保隆文、建物設計：アトリエ137、照明：Mantle

光を抑えて
情趣ある佇まいに

車の両側の壁を照らすことで環境を明るく見せ、同時に車の乗り降りに必要な最低限の明るさも確保できる

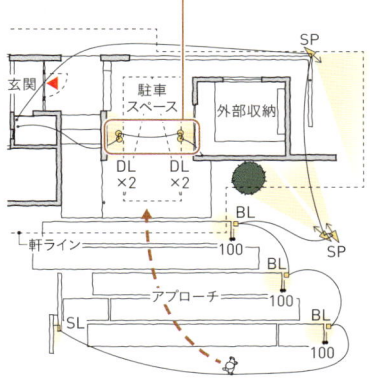

配灯図[S＝1：300]

凡例
DL：ユニバーサルダウンライト
BL：ポール型照明
SP：スポットライト
SL：表札照明

駐車スペースへの誘導灯は、下向きに光の出るポール型照明を使用。光を絞ることで、自然のなかに溶け込む静かな佇まいとなる

足元の光で演出効果を高める

広いテラスやバルコニー、庭など、壁のない空間では下からの照明を検討する。地面や足元を明るくしたいなら庭園灯、植栽を演出したいならスポットライト、天井を照らしたいなら地中埋込み型照明など、目的に応じた照射方法を選択しよう。地面に器具がたくさんあると、邪魔だったり、ときに盗まれたりする恐れがあるので、テラスの下や植栽の裏に隠すように設置する。

キャブタイヤケーブルの処理

スポットライトはのぞき込まないかぎり見えないようにスパイク式（地面に突き刺すための釘状突起が付いているもの）で設置する

防水シートがあるためスパイク設置が難しい場合は、テラス床に別途、器具取り付け板を設ける

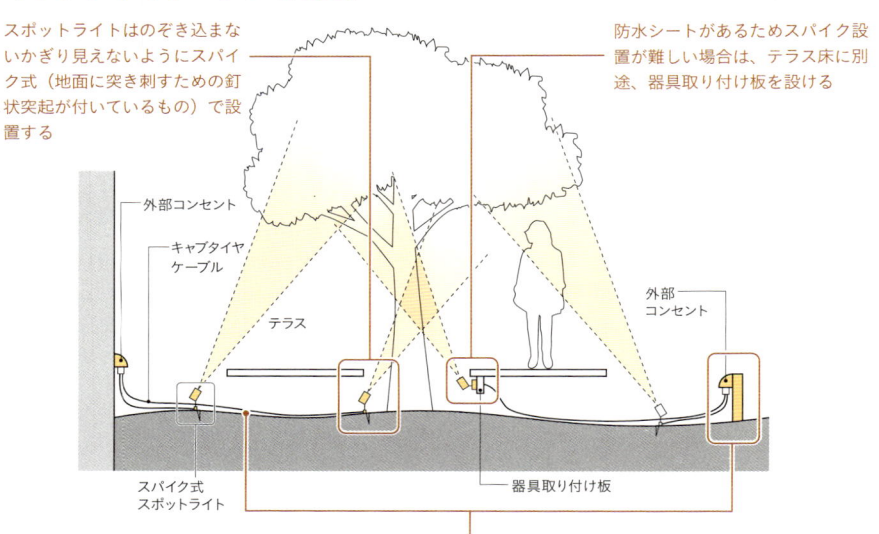

長いキャブタイヤケーブルは外構の美観を損ね、また、足を引っ掛けて危ない。テラス下に隠したり、庭の場合は地中に埋め込んだり、照明器具近くに外部コンセントを設けたりして対応するとよい。照明メーカーのキャブタイヤケーブル（通電状態のまま移動可能な電線）は長さ5mのものが多い。それ以上の長さが必要な場合は特注もできるが、納期は要確認

コンセントとプラグのサイズに注意

防水コンセントには2個口や3個口などの種類がある。照明器具の電源プラグが大きいために、2個口なのに1個しか入らないというケースもあるので注意を要する

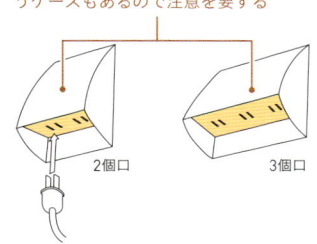

2個口　　3個口

室内と屋外の光環境をそろえる

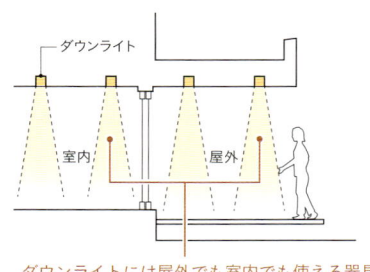

ダウンライトには屋外でも室内でも使える器具が多い [※]。室内と屋外の器具をそろえれば、同質の光イメージをつくることができる

解説：園部竜太　※「屋内屋外兼用ダウンライト　AD7002W27」（コイズミ照明）など

夜間でも室内と屋外を一体的に使う照らし方

リビング・ダイニング（室内）とテラス・バルコニー（屋外）を自由に行き来して使えるようにしたい場合、照明でも室内と屋外の連続性を演出することができる。その際、室内と屋外の明るさのバランスに気を配ることが大切である。

涼しげな樹形が魅力的
アオダモ

モクセイ科の落葉広葉樹（高さ2〜6m）。別名コバノトネリコ。花期は4月。強い日差しや乾燥に弱いため、建物の東〜南側で、西日が当たらない場所に配置したい

夜のテラス・バルコニーが明るすぎると落ち着かない。低い位置を柔らかく照らすことで居心地のよさを感じられる。ここではベンチ下に間接照明（LEDテープライト）を仕込んでいる

5,640 / 2,730

ダウンライト
スポットライト

A

LDK（2,700K、50〜300ルクス）　バルコニー（2,700K、10〜50ルクス）

地中埋込み型照明

断面スケッチ図

室内とバルコニーをつなぐ大屋根。室内はスポットライトで、バルコニーは地中埋込み型照明で天井を照らし、連続性を演出。スポットライトと地中埋込み型照明は同じ電球を使用するとよい。これは、同じメーカーの同じ色温度でも、器具が異なると光色が少し違って見えることがあるため。ただし、光源と器具が一体のモジュールタイプでは電球を変えられない。製品は少ないが、ユニット交換型なら可能

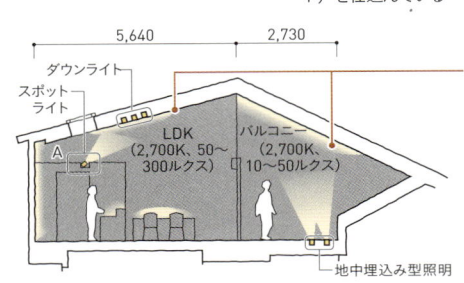

新緑、開花、翼果、紅葉、冬枯れ、と変化の多いアオダモ（落葉広葉樹）をスポットライトで下から照らし、天井に影を写した。季節の変化を影のかたちでも感じられる

キッチン収納欠込み部分

35 / 120

30°〜45°

スポットライト（黒）

スポットライトは収納棚上部に欠込みをつくって納め、生活空間から見えないようにするとよい

内側黒塗装

A断面詳細図[S＝1：15]

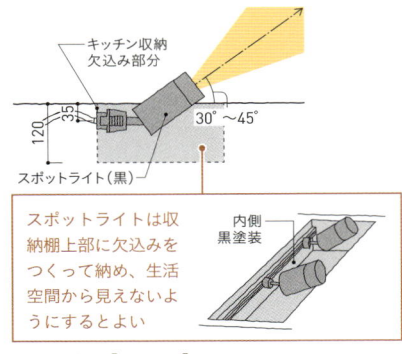

植栽の特徴を見極め、照射角度を選択する

植栽をきれいに照らすには、植物の種類に応じて狭角（10°前後）・中角（20°前後）・広角（30°前後）を使い分けよう。狭角・中角型は、樹形が縦に伸びるものに向き、広角型は樹形が横に広がるものに向くただし、庭・植栽の照らし方は敷地環境やコンセプトによって大きく変わる。ここでは例として、配灯のポイントを解説する。

月明かりをイメージした配灯

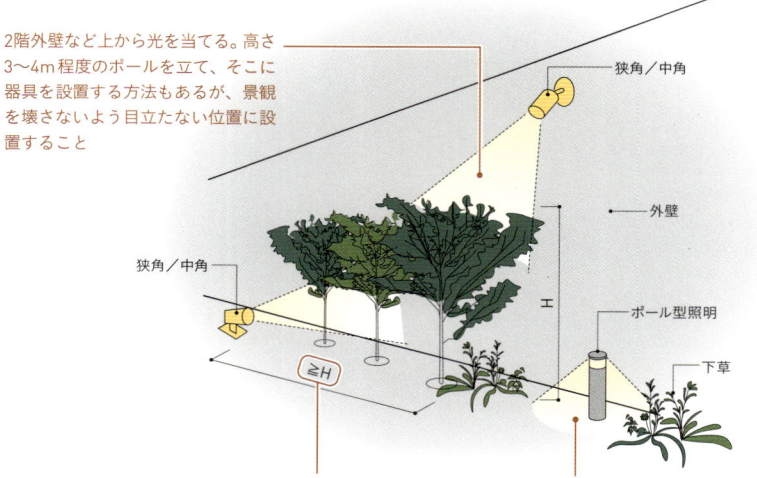

2階外壁など上から光を当てる。高さ3〜4m程度のポールを立て、そこに器具を設置する方法もあるが、景観を壊さないよう目立たない位置に設置すること

狭角／中角

狭角／中角

外壁

工

ポール型照明

下草

複数の樹木が集まっている場合は、狭角または中角型を樹木の高さ以上離し、広範囲を照らすようにすると、自然な印象のライトアップとなる

高木や亜高木の下に植えられた下草・グラウンドカバーをポール型照明で照らすと、よりにぎわいを演出できる。上から照らせる環境があれば、ポール型照明はなくてもよい

樹種に合わせた配灯

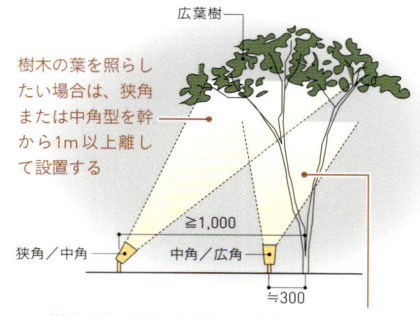

広葉樹

樹木の葉を照らしたい場合は、狭角または中角型を幹から1m以上離して設置する

≧1,000

狭角／中角　中角／広角

≒300

樹木の幹も明るく見せたい場合は、中角または広角型を幹に300㎜程度まで近づける。マツのように幹が曲がって成長する樹木は、中角型2〜3灯で照らすとその樹形が強調される

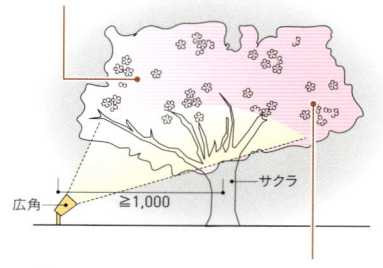

シダレザクラは、幹から外側に向けて照らしても美しい。照射面積が大きい超広角型（40°〜60°）を使う。また、紅葉の時期は色温度を変えて3,000K以下にするとよい

広角　≧1,000

サクラ

特にサクラの照らし方は奥が深い。花をきれいに見せるなら、3,500〜4,000Kのやや白い色温度が適している。枝の先まで花がつくため、広角型を幹から1m以上は離したい

解説：久保隆文

色温度を使い分けて庭を豊かに引き立てる

LEDが普及する10年くらい前までは、スポットライトの光源はハロゲンランプかメタルライドランプが主流で、色温度は2〜3種類しか選べなかった。現在はLEDで色温度のバリエーションが増え、庭の要素それぞれの質感に合った色温度で照らし、魅力をより引き立たせることが可能になった。

細く分かれた葉で庭を爽やかに
ベニシダレ

ムクロジ科の落葉広葉樹（高さ2〜4m）。花期は4月〜5月。ヤマモミジの園芸品種で、春に出る葉が赤く、枝が垂れるのが特徴。和風庭園に向く

軒天井を下から3,000Kで照らし、広がりを強調。スプレッドレンズを用いれば、1つの照明で軒全体を照射できる。スプレッドレンズは光を一定方向に伸ばす照明用レンズ。中心光度を落として広範囲に拡散させるディフュージョンレンズと同様に使い勝手がよく、現地で交換すれば光の広げ方を変えられる。このほか照明用レンズには、ロングフード、カットフード、ハニカムルーバー、グレアカットルーバーがある

広葉樹は下から2,700Kで照らし、温かみを演出。常緑樹の場合は3,000K、花をきれいに見せたいサクラなどは4,000Kが目安。暖色の葉ほど、低い色温度で照らしたほうがきれいに見える

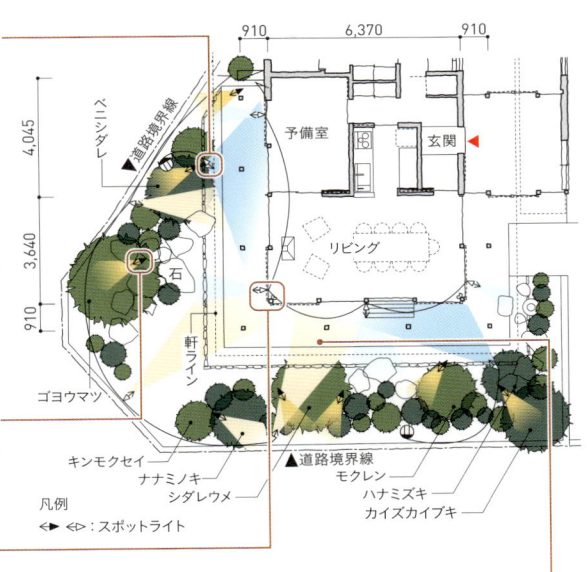

配灯図[S＝1：250]

スポットライト 4,000K

石は上から4,000Kで照らし、シャープな質感を強調

庭側から障子に向けて光を当てれば、障子を閉めても樹形などを楽しめる（障子を開けるときは消灯する）。複数の器具を使うと影が複数生じて錯綜するので、1つに絞る。ここでは障子の温かみを演出するため、色温度は2,700Kに設定した

解説：久保隆文「萌蘗」所在地：鹿児島県、建物写真：島崎智成、建物設計：横内敏人建築設計事務所、施工：ベガハウス、照明：Mantle、外部風環境のデータ解析：鷹野敦（鹿児島大学准教授）

ポイントは照度と波長

バイオフィリックデザイン［※］の観点から、事務所や店舗の内装に植物を取り入れるケースが増えている。しかし、基本的に屋内栽培は植物にとって負担が大きい。光や土壌や風通しなどを適切に整えて負担を軽くしたい。光のポイントは、高照度と色温度（波長）。遠藤照明の体験型オフィス「Synca U/X Lab」（シンカ・ユー／エックス・ラボ）では、次世代調光調色照明「Synca」を用いて植物を育てる試みを行っている。

朝

夕方

植物育成

天窓ライトやスポットライトなどの人工光のみで植物に光を照射。植物は光に向かって枝葉を伸ばすため、基本的には植物全体を照らす。2021年10月のプレオープンから実施しており、植物は生き生きとした緑を維持し、若い芽や葉も出てきた

表1　シーン別色温度・調光率の設定

シーン ＼ 器具	天窓ライト 色温度	天窓ライト 調光率	植栽用スポットライト 色温度	植栽用スポットライト 調光率
朝	10,000K	100%	10,000K	100%
昼	6,000K	80%	5,000K	100%
夕方	2,200K	3%	3,000K	40%
夕暮れ	2,000K	2%	3,000K	8%
夜	—	—	—	—
植物育成	青	100%	赤	100%

植物の育成には、ある程度の照度が必要になる（ここでは1,500〜2,000ルクス）。次世代調光調色照明「Synca」は、その照度を確保したうえで、自然光のように朝・昼・夕方・夜と光が移り変わるシーンを実現できる。また、人がいない夜間には、植物の光合成や形態形成に必要な赤・青の波長［表2］に特化した光を照射。人と植物にやさしい空間を実現している

表2　光の波長と植物生育の関係

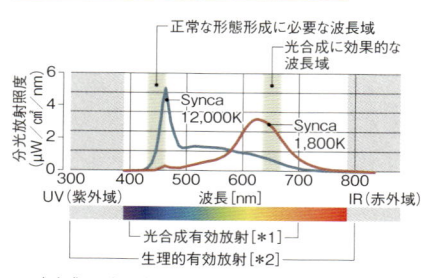

*1 光合成のエネルギー源となるため強い光強度を必要とする
*2 色素の生合成、光周性、屈光性、形態形成等、生理的に何らかの効果があるとされている

植物の光合成に効果的な波長域は赤。幹などの形態形成に必要な波長域は青。この波長域を多く含む色温度の光を活用することで、植物を効率よく健全に生育させることができる

解説：遠藤照明「Synca U/X Lab」、写真：編集部
※ 自然や生命を感じられる環境を取り入れた空間デザインの手法。バイオフィリックとは、「人間には本能的に自然とつながりたいという欲求があり、自然と接することで幸せを感じられる」という概念。1984年にアメリカの生物学者エドワード.O.ウィルソンによって提唱された

植栽基礎知識

植栽 ……………………………………………… 156

3 章

［植栽］

建 物の外観を彩り、室内での居心地も高めてくれる植栽。植栽工事の流れを前もって押さえ、建物や設備工事との干渉に注意したい。 配植のポイントは、緑が連続するように建物を囲み、室内からもそれを楽しめるようにすること。敷地の諸条件を踏まえ、建物と植栽を併せて計画したい。また、季節ごとの変化や成長の早さなど、植物の特徴を押さえ、どこにどんな樹木や草本を植えれば効果的かを検討しよう。

配植は居場所からの視線の先に

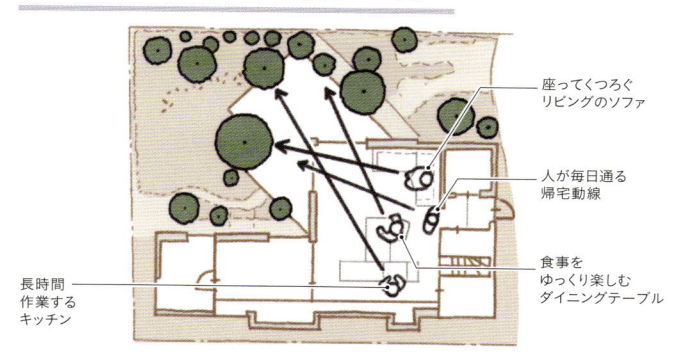

座ってくつろぐ
リビングのソファ

人が毎日通る
帰宅動線

食事を
ゆっくり楽しむ
ダイニングテーブル

長時間
作業する
キッチン

玄関やリビング付近など人がよく通る動線や、リビングのソファやキッチンなど人が滞留する場所からの視線を意識して植栽の配置を決めるとよい

庭を演出する植栽の"配役"

1年を通して
葉を保ち、
冬の庭景色を
整える常緑樹

軽やかな樹形を
もち、季節感を
演出する落葉樹

庭の主役となる高木、主役を引き立てる中低木など、植栽の"役割分担"を意識して庭を演出する。常緑樹と落葉樹の組み合わせ方も重要

植栽設計・工事の スケジュール

植栽設計・工事は下記の流れで進められる。これを、建物の設計・施工計画にうまく当てはめていく必要がある。準備・施工期間は規模や状況にもよるが、小規模な戸建住宅の場合、最短で計画に約1週間、工事に約1週間が目安となる。

植栽計画

①ヒアリング

建築主の希望や、竣工後の管理方法についての考え方を聞く

②現地調査・分析

地形、土質、気象、植生、水分量、日照の各条件や、設備設置状況、周辺環境などを確認する

現地調査には1〜3日、周辺調査には1〜2日、それらをまとめるのに1週間程度かかる。計画地の測量図や現況図（樹木の位置や給排水設備などの位置が分かるもの）が事前に手に入れば、調査日数は短縮できる

③ゾーニング・動線計画

主庭・副庭の配置、イメージ創出、進入・サービス動線、視線の検討を行う

④基本設計

主要樹木・添景物の検討、舗装材の検討、工事費概算

生物材料を扱うため、材料の発注は最低でも施工開始日の2週間前までに済ませておく必要がある。珍しい樹種や、希望に合う特殊な形状の樹種は探すのに時間がかかる。施工者がよく使う樹種であれば1週間程度でもよい

⑤実施設計

配植図（樹種・形状・数量）、添景物の配置、舗装材の配置、門・塀・フェンス・生垣の検討、工事費積算

1つとして同じ形の樹木は存在しない。植える樹木の高さや幹回り、葉張りなどを事前に決めていても、樹木ごとに雰囲気は千差万別だ。シンボルツリーなど庭の景色で重要な役割をもつ樹木は材料検査を行いたい。写真はシマトネリコの材料検査の様子

植栽工事

⑥施工者選定

実施設計図を手渡し、現地を確認して見積りをしてもらい、金額が折り合えば決定

⑦材料発注

樹木を発注する。施工業者と材料業者が異なる場合もある

写真はイロハモミジの植込み工事の様子。周辺状況がよく、天候に恵まれれば、施工期間は長く見積もっても1週間程度をみればよい。施工期間は、工事の規模や周辺の状況、工事のタイミング、天候などに左右される。たとえば、計画地周辺の道路が

⑧施工

建物工事との取合いを考えながら施工

狭い、工事車両が計画地やその周辺に常時駐車できない、建築工事と植栽工事がバッティングする、などの場合は施工期間が長くなる

⑨引渡し

設計者、施工者、建築主で立会い検査をした後、引き渡す

植栽の
コスト

植栽にかかるコストは一般的に、植栽設計のコスト（①植栽設計料）と、植栽工事のコスト（②工事費）の2つからなる［表］。植栽設計料は建物の工事費を基準とした割合ではなく、その設計・監理をするのにどれくらい人が動いたかが基本になる。工事費は施工業者に支払う費用で、材料費と施工費の2つに大別できる。目安として、施工費は材料費の2倍程度を見込んでおくとよい。

表 植栽コストの構成

	内訳	概要
①植栽設計料	基本設計料	基本方針の打ち合わせ、基本設計などにかかる費用
	実施設計料	植栽平面図の作成、積算などにかかる費用
	工事監理料	現場での工事監理にかかる費用
②工事費	樹木材料費	植栽する樹木の費用。樹木の流通量によって変動する
	植込み工事費	植え穴掘りや、樹木の運搬、植付け、整地などにかかる費用
	客土工事費	新たに搬入した土や土壌改良などにかかる費用
	支柱工事費	支柱工事、幹巻きなどにかかる費用
	諸経費	養生や発注時の通信、重機の燃料などにかかる費用
	「枯れ保証」にかかる費用	通常の管理（水やりなど）を行っていたにもかかわらず樹木が枯れてしまった場合に、指定期間内（通常、植栽後1年間）に限って無償で同種の新しい樹木と植え替える保証制度。保証の有無や範囲は工事による

国土交通省が毎年発表している「技術者単価」が単価の参考になる。国土交通省「積算基準等」（https://www.mlit.go.jp/tec/sekisan/index.html）

運搬費は、その材料がどこにあるかが大きく影響する。たとえばヤシ類などは、九州など暖かい場所で育てられることが多いため、東京で植栽する場合には運搬費がかさむ。また、樹木の大きさによってはクレーン車などの大型重機の費用が必要になる。運搬道が狭いと材料を一度に大量に運搬できないため、さらに運搬費がかさむ場合もある

たとえば、小規模な戸建住宅の前庭を1日で施工する場合でも、職人が2名必要になる。この場合にかかる樹木材料費と植込み工事費の合計は、庭面積が5㎡以内だと5万円／㎡、5〜10㎡だと3万円／㎡、それ以上だと2万円／㎡が目安。ただし、施工場所や施工時期によっても差がある

通常、雨が当たらない軒下や、天井があるような半屋外では枯れ保証の対象にならない。また、草本は保証が付かない場合が多い

植栽工事前の作業と確認事項

植栽だけで外構がすべて整うことは少ない。修景や管理のために、ほかの工事も同時あるいは前後に進める必要がある。植栽工事の前に完了させておくべき作業や、確認しておくべき事項を押さえておこう。

施工関連のチェックポイント

電気、ガス、水道などの設備配管は植栽工事の前に行うが、道路からの引込み状況によっては、設計図書どおりに施工できない場合もある。設備配管がすでに埋設されていて樹木が植栽できないというケースも少なくないので、事前に十分打ち合わせておくこと

エアコンの室外機などの外構設備は図面で描かれないことが多い。樹木は、機械から出る熱や風に当たり続けると、弱って枯れてしまう。事前に機器の位置を確認しておく。問題があれば、植栽地もしくは室外機のどちらかの位置をずらすなどして対処する

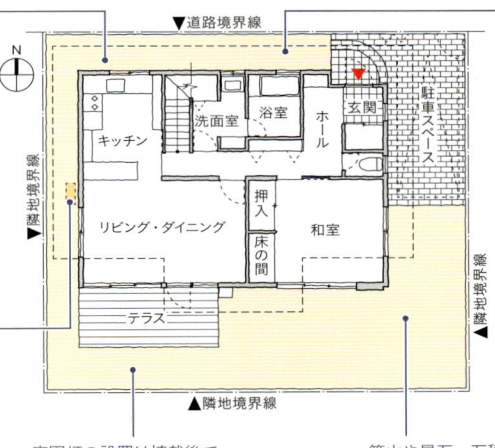

▼道路境界線
N
洗面室　浴室　ホール　玄関　駐車スペース
キッチン
リビング・ダイニング　押入　床の間　和室
テラス
◀隣地境界線
▼隣地境界線
▲隣地境界線

砂利などの舗装仕上げは植栽工事の後に行う。植栽工事中に土で汚れてしまう可能性があるからだ

庭園灯の設置は植栽後でも可能。ただし、土中部分の配線は植栽前に済ませておかないと、植えた樹木を掘り返す必要が生じるおそれがある

築山や景石、石積みなど、修景にかかわる添景物の設置は植栽工事の前に行う。重量のある石や土は人力だけによる搬入が難しく、植栽後では作業スペースが確保できないことがある

建築後の樹木の搬入経路

建物が建った後に奥の庭をつくる場合、樹高4m以上の樹木は屋外通路から搬入する。搬入スペースが確保できない場合、屋根の上を通すことになりコストがかさむ。屋根の上を通して樹木を搬入する方法は、建物周囲に大型クレーン車を設置できることが条件。住宅街では電線や道路幅員の狭さによって、この方法を取れないことが多い。そのため、建物が建つ前に樹木を搬入しておくことが必要

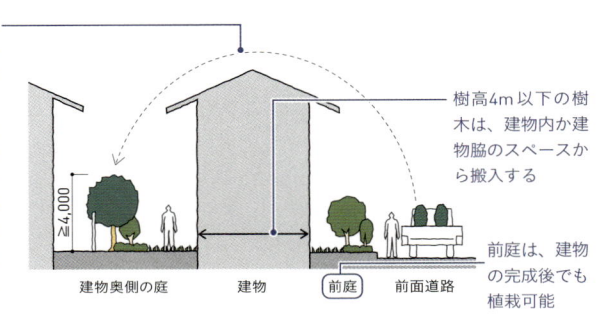

≧4,000
建物奥側の庭　建物　前庭　前面道路

樹高4m以下の樹木は、建物内か建物脇のスペースから搬入する

前庭は、建物の完成後でも植栽可能

ユーカリやミモザは若い世代に人気があり、建築主から要望されることも多い。成長が早く個性が強い樹木なので、庭の中心からは外して植栽するとよい

庭に下りるきっかけをつくる、石で組んだステップ。L字形に組むことで動線を生み、敷地奥の石畳の小径［※］につなげている。小径や園路［28頁］は、庭を広く感じさせる効果も期待できる。また、立水栓は石畳と一体的に設けることで庭になじませる。ここでは、既製品のプラスチック製の立水栓に、園路の仕上げと同じ真砂土で左官を施している。蛇口は真鍮製に取り換えており、経年変化によってだんだんと色が落ち着き、なじみがよくなる

建物側には空間を残して芝を植え、日当たりのよい子どもの遊び場に。園路で二分された、土を盛って勾配をつけた樹木の繁みと、余白を残した芝とのバランスが、居心地のよい庭空間をつくり出している

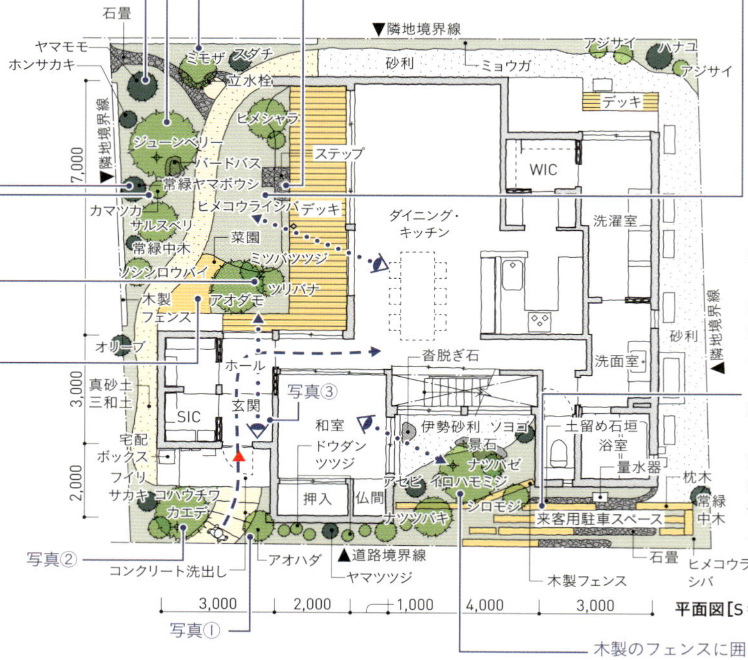

写真④

石畳
ヤマモモ
ホンサカキ
ミモザ　スダチ
立水栓
ヒメシャラ
ジューンベリー
バードバス
常緑ヤマボウシ
カマツカ
サルスベリ
常緑中木
ソシンロウバイ
木製フェンス
アオダモ
オリーブ
真砂土三和土
SIC
宅配ボックス
フィリ
サカキ　コハウチワ
カエデ
写真②
コンクリート洗出し

隣地境界線
砂利
ミョウガ
アジサイ　ハナコ
アジサイ
デッキ

WIC

ステップ
ヒメコウライシバ　デッキ
菜園
ミツバツツジ
ツリバナ

ホール
玄関
写真③
和室
ドウダンツツジ
押入　仏間
沓脱ぎ石
伊勢砂利　ソヨゴ
景石
ナツハゼ
アセビ　イロハモミジ
ツバキ
シロモジ
アオハダ
道路境界線
ヤマツツジ
来客用駐車スペース
木製フェンス
石畳
ヒメコウライシバ

ダイニング・キッチン

洗濯室

洗面室
浴室
土留め石垣
量水器
枕木
常緑中木

凡例
照明
常緑樹
落葉樹
低木・下草・グラウンドカバー

来訪者の車を停めるためのスペース。坪庭のフェンスを斜めに削った場所にシロモジを植栽し、枕木・石畳・芝を組み合わせることで、和の統一感を保ちながらも緑のつながりを途切れさせないデザインに

3,000　2,000　1,000　4,000　3,000

平面図［S＝1：200］

7,000
3,000
2,000
写真①

木製のフェンスに囲まれた和室に隣接する坪庭。コケの生えた石や砂利で覆っている。室内から見たときにこの坪庭の主役となるイロハモミジは、年月を経て塀の外側へ枝を伸ばし、ファサードを彩る植栽に成長する。ここでは、前面道路から見たときの雰囲気を"和"で統一して計画。コハウチワカエデやイロハモミジ、ヤマツツジ、ナツツバキなどの和風の樹種を採用している

アオダモ
ジューンベリー
ヒメシャラ

写真①：この庭の主役は、3点に配置した落葉樹のジューンベリー、ヒメシャラ、アオダモ。リビングなど人がよく通る室内の動線上からの見え方を意識することが大切

※ 小径の先の敷地南東側の隣地は、本事例と同じ建築主の敷地

ファサードと庭の 植栽の配置

植栽と外構は連動して設計し、緑と建物に一体感を出すことが大切。建物を囲むように緑をつなげて、連続感を出すように意識するとよい。

コハウチワカエデ／アオハダ

写真②：コハウチワカエデとアオハダで挟み込むように植栽し、木々の間を通り抜けるようなアプローチに。アオハダは建物の端部を隠すとともに、建物北西側に緑をつなげて連続感を出す役割も担っている

庭がもっとも深く見える対角線の位置も重要。ここでは常緑樹で葉が密生するヤマモモを配している。ヤマモモは大きく成長して、庭の背景を形成。庭の印象が引き締まり、奥行き感を出せる

隣地境界付近では、塀より上部にある隣家の壁の存在感をやわらげたり、開口部からの視線を遮ったりするように植栽するとよい。剪定など手入れの仕方によるが、たとえば、常緑ヤマボウシ［170頁］は上部にふわっと膨らむように枝を伸ばすので、隣家の開口部からの視線を遮ることが可能。板塀があれば庭の背景になるので、植栽には多少隙間があっても景観として問題はない

アオダモやジューンベリーなど庭の主役となる樹木のそばには、低〜中木の樹木を組み合わせて配置するとよい。ここでは、雑木のような雰囲気をより高めるツリバナやカマツカなどを配置している

菜園は建築主が暮らしながらガーデニングを楽しむ場所。日当りがよい場所であることはもちろん、チューリップやパンジーなどカラフルな花を育てても庭全体の雰囲気が損なわれないよう、室内からさりげなく見える位置に設けるとよい

コハウチワカエデ

写真③：玄関正面にファサードを彩るコハウチワカエデを配置。この木に沿うようにカーブしたアプローチを設けることで、短い距離でも奥行きを感じさせる

写真④：玄関から建物に入ると、FIX窓を通して庭が見え、これが訪問者の第一印象になる。ここでは窓に近い場所に、幹肌が美しく軽やかな樹形のアオダモを植栽。開口部の中心からは少しずらして植栽し、動きをつけるとよい

アプローチと 駐車スペースの 植栽の配置

枝の広がり方や成長速度など、樹木が将来的にどのように変化するのかまで念頭に置いて計画すれば、アプローチや駐車スペース、庭を一体で計画することも可能だ。狭い敷地でも樹木に囲まれた印象の外観をつくれる。

ダイニングの延長線上にデッキを延ばし、デッキから庭に下りやすいようにステップを設けている。デッキのそばには、新緑や紅葉などで季節を知らせるコハウチワカエデを植栽。成長するとアプローチ上部まで枝を広げる

当初、デッキ前の植栽はモミジを計画していたが、モミジは枝が暴れやすく、成長のコントロールが難しい。アプローチやデッキの使い心地に影響するおそれがあるため、伸び方がおとなしいコハウチワカエデに変更した。植栽の成長速度や成長度合いを考慮して、植栽場所と樹木の相性を見極めることが重要だ

植栽は屋内からの見え方ももちろん大切。ここではL形の出窓からの見え方を意識して、エゴノキとジューンベリーを配置。2本の樹木の間から、向かいの家の高木が見えるように調整している

エゴノキは、横に枝を広げていく樹木。将来的に駐車スペースを覆うように枝を伸ばして、緑のカーポートになる構想だ

塀の下部は地面から高さ50mm空けている。さらに、駐車スペースと塀の隙間を幅75mm程度空けており、下草がはみ出して、緑の塀になるように計画

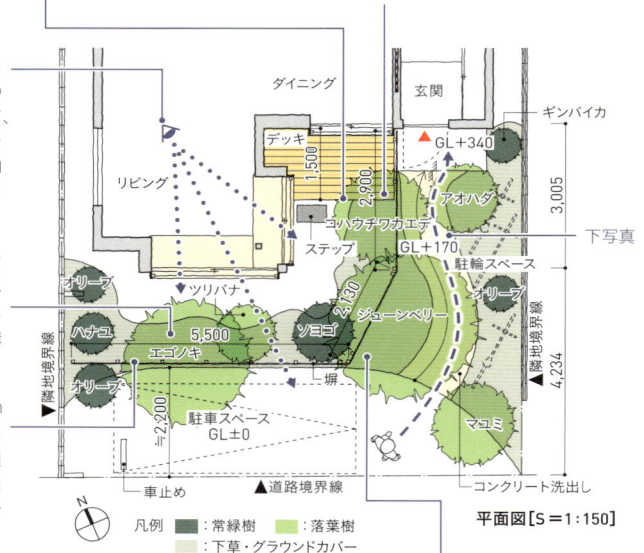

平面図[S＝1:150]

凡例 ■：常緑樹 ■：落葉樹 ■：下草・グラウンドカバー

塀の角を削ってそこにジューンベリーを植えた。アプローチの入口にゆとりが生まれ、のびのびと枝を広げた樹木が人を迎える

写真は植栽から数カ月後の様子。将来的に、木々が枝を出し合って広がり、木立の間をくぐり抜けるようなアプローチになるように計画している。コンクリート洗出しの目地にはハードウッドを差し込んでいる

解説：栗田信三「三鷹市F邸」所在地：東京都、写真：栗田信三、造園設計：彩苑

狭小地の 植栽の配置

狭小地では建物周囲のスペースに余裕がないので、植栽する場合は大きく成長しすぎない樹種を選定したい。樹形がコンパクトにまとまり、葉が密集しない軽やかな樹木を、窓の位置に合わせて効果的に配置するとよい。

狭小地では、ファサードを彩る樹種の選定が特に重要。成長が早すぎず、大きくなりすぎない高木で、芽吹き・紅葉・落葉などで季節を感じる落葉樹を採用したい。樹形が美しく軽やかな枝ぶりのアオダモ［170頁］は、癖がなく建物の外観になじみやすい

グラウンドカバーで高木の足元を彩る。クリスマスローズ［172頁］は、落葉樹が葉を落とす12月〜3月に花を咲かせる常緑の植物で好適

ガスメーターや室外機のチェックなどの際に人が通る必要が生じる場所には、踏みつけに強い地被植物を。ヘデラヘリックスなどのヘデラ類［168頁］がよい

落葉樹の高木との組み合わせとして、低木の常緑樹で明るい印象を与える樹木を採用したい。艶やかな緑色の葉をもつセンリョウやフイリアオキがお薦め［172頁］。日陰でも育つので北庭にも植栽可能。冬には赤い実を付けるので、ファサードのアクセントになる

枝先が垂れ下がり、ふわっとした樹形のユキヤナギで塀際を柔らかく隠している

敷地境界沿いは、大きく成長しすぎない樹形の生垣で緩やかに仕切るとよい。ベニバナトキワマンサク［169頁］は、花期の4月に生垣全体を覆うようにピンク色の花を咲かせる

地窓の前には、緑が感じられるグラウンドカバーを植えたい。暗い雰囲気にならないように、葉に白い筋が入ったフイリヤブラン［172頁］がお薦め

凡例
- ■：常緑樹　□：落葉樹
- □：下草・グラウンドカバー

▼道路境界線
クリスマスローズ
センリョウ・フイリアオキ
ヘデラヘリックス
アオダモ
駐車スペース
室外機
建物
管理扉
砂利
隣地境界線
道路境界線
13,000
地境界線
碎石
アベリア・エドワードゴーチャ
ユキヤナギ
デッキ
常緑ヤマボウシ
フイリヤブラン
ディコンドラ
ベニバナシャリンバイ
ベニバナトキワマンサク
▲隣地境界線
8,000

平面図［S＝1：200］

花も実も紅葉も楽しめるシンボルツリー
常緑ヤマボウシ

ミズキ科の常緑広葉樹（2〜6m）。耐寒性があり育てやすく、手入れも楽なため近年人気の品種。花期は4月。暑さに強く、西日の強いところでも育つ陽樹

狭小な庭のグラウンドカバーには丈を低く保ちやすいものを採用して、すっきりと緑を見せたい。ディコンドラは丈夫で育てやすく、ハート形の小さな葉が狭い庭ににぎわいをもたらす

庭のシンボルツリーには、常緑ヤマボウシ［170頁］など大きく成長しすぎない樹木を採用したい。初夏には小さな花を密に咲かせ、明るい緑色の葉は秋になると紅葉し、食べられる赤い実を付ける。足元には、樹形がコンパクトにまとまるベニバナシャリンバイやアベリア・エドワードゴーチャ［171頁］などの低木を植えるとよい

土壌改良で植物の生育を助ける

新しく造成された土地は石や砕石が混じり、また、重機などで踏み固められていることが多く、植物が十分に根を張れない。その場合は、有機質土壌改良資材（バーク堆肥など［下段］）などの有機物を混ぜて土壌改良を行うことが必要になる。

小さい面積を自分で土壌改良する場合の作業手順

土壌改良の際は、幅30cm程度で区切ると作業しやすい。30cmほど掘り下げ（掘った土は別の場所に置いておく）有機物を5cmほどの厚さで敷き詰める。なお、草本を植栽する場合は、深さ30cmほど土壌改良すれば十分である

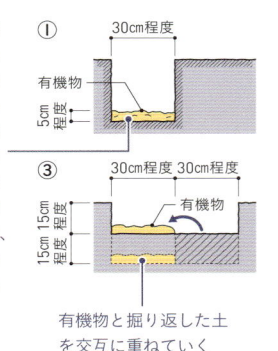
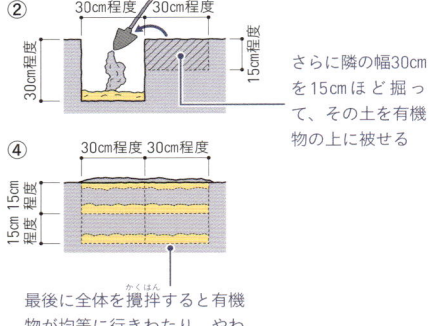

さらに隣の幅30cmを15cmほど掘って、その土を有機物の上に被せる

有機物と掘り返した土を交互に重ねていく

最後に全体を攪拌すると有機物が均等に行きわたり、やわらかい土になる

マルチングで過酷な環境から守る

夏期、乾燥や地温が高い状態が続くと、弱ってしまう植物もある。そこで、土の表面をバーク堆肥やウッドチップなどで覆うマルチングを行いたい。土壌の乾燥を防ぎ、地温を下げ、雑草の発生を抑えるなどの効果が期待できる。

バーク堆肥

樹皮を発酵させてつくられる肥料の一種。通常は土壌に混ぜて土壌改良を行うものだが、マルチング材としても利用できる。肥料分の供給源にもなり、植え替え時にはそのまま土壌に混ぜ込むことができる

ウッドチップ

木材をチップ状にしたもの。花壇のマルチングにも使えるが、発酵していないため、土壌には混ぜないほうがよい。通路などに敷き詰めると、防草効果に加えて、周囲の花壇の見栄えもよくなる

雑草の
繁殖を防ぐ

雑草の発生を抑えるために、地面を植物で覆うグラウンドカバーという方法がある。茎葉が密に茂り、横方向に広がる植物がグラウンドカバーに向いている。

グラウンドカバーに向く植物の例

イカリソウの仲間

常緑性のものは緑が通年で保たれ、春には花も楽しめる

ネペタ

日当りで利用できるグラウンドカバー。丈夫で乾燥に強く、淡青紫色の花、銀緑色の葉共に鑑賞価値が高い

フウチソウ

日本固有の多年草で、細長い葉が優雅に下垂して地面を覆う

フッキソウ

林床に自生する常緑性の植物で、日陰でもよく育つ

暗渠排水で庭の
水はけをよくする

土が粘土質で水はけが悪いと、花壇部分だけを土壌改良しても雨水が溜まってしまう。このような場合は暗渠排水を検討したい。また、分譲地で敷地の境界がコンクリートに囲まれて水のはけ口が限られている場合なども、暗渠排水を検討するとよい

暗渠排水のイメージ

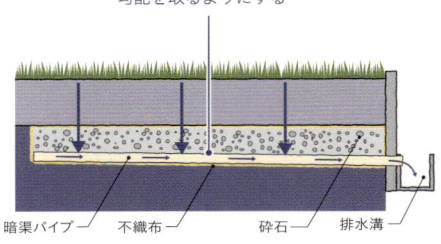

暗渠パイプは1／100以上の勾配を取るようにする

暗渠パイプ　不織布　砕石　排水溝

写真の暗渠パイプは直径100mmのものを使用。戸建住宅では、50〜75mmのものがよく使われる

パイプは砕石で埋める。砕石層に土砂が混入しないように、不織布などでできたシートで包む

庭に畑を設けて
家庭菜園を
楽しむ

生活環境が変わり、家の中で過ごす時間が増えたことで、家庭菜園を始めたいという建築主が増えている。庭に畑を設ける場合、耕作面の高さは庭の地盤面にそろえるよりも、人の腰の高さくらいに設定するのがお勧め。立ったままの作業が可能になるうえ、狭い庭でも日照を確保しやすい。水はけもよくなり、根腐れを防げる。

畑の周囲3方を回り込めるようにしておくと、作業がはかどる

腰の高さ（700〜800mm程度）に畑をつくると作業がしやすく、畑を清潔に保つことができる

レンガ

竹筒

700〜800

300

100

補強コンクリートブロック
鉄筋φ10mm

通気孔

枝炭

腐葉土および有機物

▼GL

150

200

地中にもブロックを入れて補強し、根がブロック塀から飛び出ることを防ぐとよい。より頑丈につくる場合は、入れる鉄筋のサイズを13mmなどに太くする

畑断面スケッチ

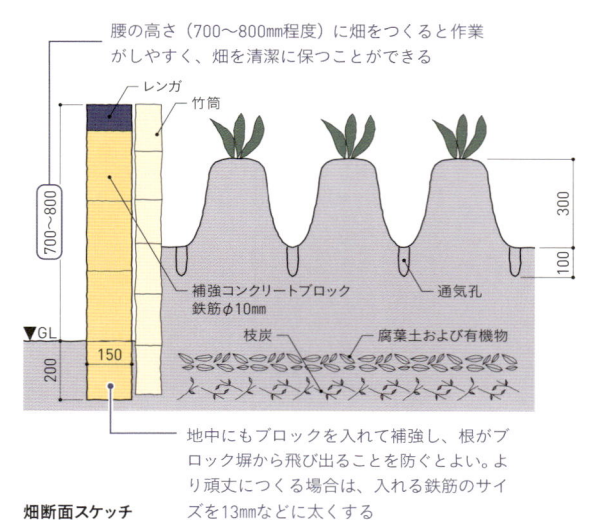

竹筒

土の中の水が停滞してしまうと根腐れを起こしてしまう。畑に竹筒などを挿して空気の通り道をつくれば、空気が通りやすくなるとともに水も排出されやすくなる

コンポストで
落ち葉から堆肥をつくる

庭に菜園を設けるなら、コンポストも併せて設置したい。木板で囲いをつくり、そこに落ち葉や雑草を入れていく。コンポストに溜められた落ち葉は雨水などによって分解・発酵し、やがて堆肥になる。庭の手入れで落ち葉や雑草が出るたびにごみとして袋詰めして捨てるのは手間がかかるが、コンポストに放り込んでおけば1年程度で堆肥になり、畑で再利用できる。

コンポストの大きさは880×880×高さ700㎜程度のものが一般家庭に適している。この大きさなら、落ち葉を山盛りに入れても2〜3週間で分解されて量が減るため、あふれ出る心配はない

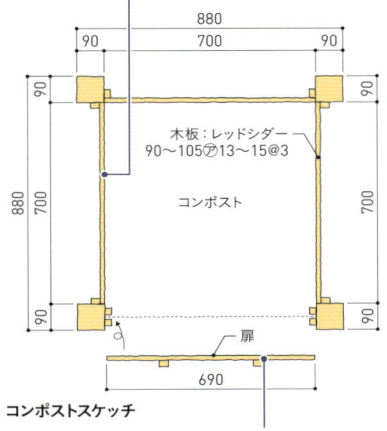

木板：レッドシダー
90〜105⑦13〜15@3

コンポスト

扉

コンポストスケッチ

手前の側面を上下にスライドして取り外しができるようにすると便利。1カ月に1回程度、手前の面を外してスコップなどで中身の上下を混ぜ返し、新鮮な空気を含ませると効率よく発酵が進む

畑や水栓などと高さを合わせてつくると、作業の効率が上がり、庭の雰囲気も整う

落ち葉の分解・発酵には水分が必要になるため、コンポストにはふたを設けず、雨が溜まるようにするとよい。なお、ふたを設けてゆっくり分解・発酵を進める方法もあるが、完成までに時間がかかる

　解説・写真：藤倉陽一

エリア別 植栽リスト

外構を彩る植栽は、サイズや日当たりを考慮して、場所ごとに適切な品種を選ぶことが大切だ。ここでは、エリア別に適した植栽を紹介する。

イヌマキ（マキ科）

[花期]―[形態]常緑針葉樹[陰陽]陰樹[高さ分類]高木・中木（1.5〜20m）

寒さに強く、日陰でも成長するため育てやすい。暖地の潮風に強いため、海岸周辺の生垣に用いられる

カイズカイブキ（ヒノキ科）

[花期]―[形態]常緑針葉樹[陰陽]陽樹[高さ分類]高木・中木（1.5〜20m）

暖地を好む。葉が密度高く茂るので、植栽直後から遮蔽効果が出る。成長旺盛で下枝が上がりやすいため、剪定で樹形を整える必要がある

サワラ（ヒノキ科）

[花期]―[形態]常緑針葉樹[陰陽]中庸樹[高さ分類]高木・中木（1.5〜20m）

寒さに強く、湿潤な環境を好む。ヒバと呼ばれることも。ヒノキによく似ているが、花粉症のリスクがヒノキより少ない

ヘデラヘリックス（ウコギ科）

[花期]―[形態]常緑ツル植物[陰陽]―[高さ分類]地被（0.2m以下）

日なたでも日陰でも成長が旺盛だが、剪定が容易なので管理しやすい。グラウンドカバーのほか、外壁に這わせる見せ方も

隣地・道路境界部は密度が重要

隣地や道路境界部では目隠し・防風機能が求められる。常緑樹が基本だが、密に枝が出る種であれば落葉樹でもよい。

イチイ（イチイ科）

[花期]―[形態]常緑針葉樹[陰陽]陰樹[高さ分類]高木・中木（1.2〜15m）

比較的寒い地域で使われる。成長が非常に遅いため、樹高の高いものは高額

駐車スペースは踏み圧に注意

駐車スペースでは車の進入を考慮し、踏み圧への耐性が高い種を選ぶ。植生シート［※1］で緑化する。

コウライシバ（イネ科）

[花期]―[形態]夏緑（地上に出ている部分が夏期のみ繁茂する性質をもつ植物）宿根草［※2］[陰陽]―[高さ分類]地被（地表を低く覆う植物3〜15cm）

寒さに弱いものの密度が高い。1日6時間以上の日照が必要

タマリュウ（キジカクシ科）

花期]―[形態]常緑（季節にかかわらず、1年を通じて葉が見られる樹種）宿根草[陰陽]―[高さ分類]地被（5〜15cm）

日陰と湿り気を好むため、日当りの悪い駐車スペース向き

※1 ポリエチレン製のネットに不織布、紙、綿、わらなどの土台と種子、肥料を挟み込んだシート。地面に密着させて植物の発芽・成長を促す｜※2 生育に適しない冬期などに地上部が枯れ、外界の条件がよくなれば再び発芽・開花する草

168

トキワマンサク（マンサク科）

[花期] 4月 [形態] 常緑広葉樹 [陰陽] 中庸樹 [高さ分類] 中木・低木（1.5〜6.0m）

開花時期は3月で白い花を付ける。ピンク色の花のベニバナトキワマンサクや、花だけでなく葉も紅色のベニバベニバナマンサクも人気がある

マサキ（ニシキギ科）

[花期] — [形態] 常緑広葉樹 [陰陽] 陰樹 [高さ分類] 高木・中木（1.2〜6.0m）

耐寒性・耐陰性があり、さまざまな環境に耐える。病害虫に弱い。艶のある小さな緑色の葉が特徴。葉に黄色い模様のあるフイリマサキとキンマサキも近年人気

ドウダンツツジ（ツツジ科）

[花期] 4月 [形態] 落葉広葉樹 [陰陽] 陽樹 [高さ分類] 中木・低木（0.3〜2.0m）

暑さ、寒さの両方に耐える。春の花、秋の紅葉が美しく、生垣としてよく使われる。成長は遅い

サンゴジュ（ガマズミ科）

[花期] 4月、8月（実）[形態] 常緑広葉樹 [陰陽] 陰樹 [高さ分類] 高木・中木（1.5〜15m）

夏期の赤い実をサンゴに見立てて名付けられた。葉虫が集まりやすく、年1〜2回の剪定と消毒が必須

シラカシ（ブナ科）

[花期] — [形態] 常緑広葉樹 [陰陽] 半陰樹 [高さ分類] 高木・中木（1.5〜15m）

比較的寒い地域でも使える常緑カシ。群馬県や埼玉県など関東地方でカシグネ（シラカシのみでできた生垣）に使われる

カナメモチ（バラ科）

[花期] 4月、8月（実）[形態] 常緑広葉樹 [陰陽] 半陰樹 [高さ分類] 高木・中木（1.5〜20m）

赤い新葉は観賞価値が高く、生垣に用いられる。カナメモチのうち、特に新葉の赤みが濃く美しいものをベニカナメモチ、葉のサイズが大きいものをセイヨウカナメモチと呼ぶ。寒さに弱いため積雪地帯では育てられない

レイランドヒノキ（ヒノキ科）

[花期] — [形態] 常緑針葉樹 [陰陽] 中庸樹 [高さ分類] 高木・中木（1.5〜25m）

成長が旺盛なため、樹形を維持するには早い時期から剪定をする必要がある。温暖な環境を好む

アラカシ（ブナ科）

[花期] — [形態] 常緑広葉樹 [陰陽] 半陰樹 [高さ分類] 高木・中木（1.5〜20m）

先の尖った濃い緑の葉が特徴。関西地区ではボウガシともいう。比較的温暖な環境を好む。成長が旺盛で、放置すると大木になってしまうため、年に1〜2回は頂部の剪定が必須

ウバメガシ（ブナ科）

[花期] — [形態] 常緑広葉樹 [陰陽] 半陰樹 [高さ分類] 高木・中木（1.0〜25m）

潮風に耐え、暑さ・乾燥にも耐えるため、暖地の海岸周辺の生垣に用いられる。ほかのカシ類に比べて硬く小さく丸みのある葉をもつ

解説：山崎誠子、写真：庭木図鑑 植木ペディア（https://www.uekipedia.jp）、photoAC、PIXTA

ナツハゼ（ツツジ科）

[花期] 4月 [形態] 落葉広葉樹 [陰陽] 陽樹 [高さ分類] 中木・低木（0.5〜3m）

夏に葉が紅葉するのがポイント。暑さ・寒さに強く、育てやすい。乾燥を嫌うため、西日が当たる場所を避け、夏の高温期は地面が乾いた際に水やりも行うとよい

ハナミズキ（ミズキ科）

[花期] 4月 [形態] 落葉広葉樹 [陰陽] 陽樹 [高さ分類] 高木・中木（1〜6m）

ヤマボウシに似た形の花が咲く。葉が出るより先に開花する。乾燥を防ぐため西日の当たる場所を避け、日当りのよい東〜南側に配置するとよい

ハクサンボク（ガマズミ科）

[花期] 4月 [形態] 常緑広葉樹 [陰陽] 中庸樹 [高さ分類] 中木・低木（1〜5m）

光沢のある葉が特徴。ボリュームが比較的少なく、剪定がしやすい。春には白い花、秋には赤い実が楽しめる

アオダモ（モクセイ科）

[花期] 4月 [形態] 落葉広葉樹 [陰陽] 中庸樹 [高さ分類] 高木・中木（2〜6m）

日本在来種。別名コバノトネリコ。強い日差しや乾燥に弱いため、建物の東〜南側で、西日が当たらない場所に配置したい

サンシュユ（ミズキ科）

[花期] 3月 [形態] 落葉広葉樹 [陰陽] 陽樹 [高さ分類] 高木・中木（2〜6m）

ハナミズキの仲間。葉が茂るよりも早く開花時期を迎える。小さく黄色い花が集まって直径30mmほどの房ができる

ジューンベリー（アメリカザイフリボク）（バラ科）

[花期] 4月 [形態] 落葉広葉樹 [陰陽] 中庸樹 [高さ分類] 高木（3〜10m）

白い花が咲いた後、丸形の葉が出て優しい印象に。6月に食用可能な小さな実が付く。樹形が整いやすいため、剪定の頻度は少なくて済む

玄関廻りはコンパクトかつ華やかに

樹形が整えやすいものが向く。色鮮やかな花や実、紅葉などを置くと印象がよい。

カラタネオガタマ（モクレン科）

[花期] 4月 [形態] 常緑広葉樹 [陰陽] 中庸樹 [高さ分類] 高木・中木（1.5〜6m）

枝の密度が低いため、狭いスペースで育てても圧迫感が少ない

常緑ヤマボウシ（ミズキ科）

[花期] 4月 [形態] 常緑広葉樹 [陰陽] 陽樹 [高さ分類] 高木・中木（2〜6m）

耐寒性があり育てやすく、手入れも楽なため近年人気の品種

ソヨゴ（モチノキ科）

[花期] ― [形態] 常緑広葉樹 [陰陽] 陽樹 [高さ分類] 高木・中木（2〜10m）

常緑樹にしてはボリューム感が少なく、狭い植栽帯でも育てやすい。雌雄異株のため、実を楽しむには雌株を指定する

スイカズラ（スイカズラ科）

[花期] 5月～6月 [形態] 常緑ツル植物 [陰陽] 中庸樹 [高さ分類] 地被（0.3m以下）

テイカカズラと同様、樹木に絡んで伸びるため誘引材が必要。花の香りがよく、昆虫類が集まりやすい

ハイビャクシン（ヒノキ科）

[花期] ― [形態] 常緑針葉樹 [陰陽] 陽樹 [高さ分類] 低木・地被（0.2～2m）

樹木ではあるが低く、横に這って成長するため、壁面に下垂させるとよい。成長は遅い

ツボサンゴ（ヒューケラ）（ユキノシタ科）

[花期] 5月～7月 [形態] 常緑多年草 [陰陽] 中庸樹 [高さ分類] 地被（0.4m）

さまざまな葉色があり、秋の紅葉も楽しめる。日差しに弱いため、日陰～半日陰に配置するとよい

カシワバアジサイ（アジサイ科）

[花期] 5月～7月 [形態] 落葉広葉樹 [陰陽] 陰樹 [高さ分類] 低木（0.5～3m）

花期が長く、アジサイよりも背が高く成長する。花が終わった後の花房がそのまま樹木に残り、紅葉も美しい

壁面緑化はツル性か下垂型

ツル植物や、鉢に植えて下垂させるものが向く。

テイカカズラ（キョウチクトウ科）

[花期] 5月～6月 [形態] 常緑ツル植物 [陰陽] 中庸樹 [高さ分類] 地被（0.3m以下）

樹木に絡んで伸びるので、伸ばしたい方向に誘導する誘引材が必要。非常に丈夫で、壁面緑化の代表種

イタビカズラ（クワ科）

[花期] ― [形態] 常緑ツル植物 [陰陽] 中庸樹 [高さ分類] 地被（0.1m以下）

茎から気根を出して壁面を這い上がる。沖縄に自生するのは実の大きいオオイタビカズラ

ヤマボウシ（ミズキ科）

[花期] 4月 [形態] 落葉広葉樹 [陰陽] 半陰樹 [高さ分類] 高木・中木（3～6m）

日本在来種。日当りを好むものの、葉が薄く葉焼けを起こしやすいため東～南側の西日が当たらない場所が最適。ハナミズキによく似るが、花期がひと月遅い

アベリア（スイカズラ科）

[花期] 6月 [形態] 半落葉広葉樹 [陰陽] 中庸樹 [高さ分類] 低木（0.3～2m）

都市部ではほぼ常緑で、5月～11月と長く花期を楽しめる。狭い場所では、より小型のアベリア・エドワードゴーチャがお薦め

アジサイ（アジサイ科）

[花期] 5月～6月 [形態] 落葉広葉樹 [陰陽] 陰樹 [高さ分類] 低木（0.3～3m）

5月～6月と花期が長い。日当りのよいところはアジサイやガクアジサイ、日当りの悪いところはヤマアジサイがよい。乾燥を嫌うため、自動灌水装置などで対策する

解説：山崎誠子、写真：庭木図鑑 植木ペディア（https://www.uekipedia.jp）、photolibrary、pixabay、PIXTA

センリョウ（センリョウ科）

[花期] ― [形態] 常緑広葉樹 [陰陽] 半陰樹 [高さ分類] 低木 (0.4〜2m)

艶やかな緑色の葉と冬の赤い実が特徴。黄色い実の種類もある。縁起木として正月の飾りにも使われる

クリスマスローズ（キンポウゲ科）

[花期] 12月〜3月 [形態] 常緑多年草 [陰陽] ― [高さ分類] 地被 (0.3m)

白のほか、ピンクや紫の花を冬に楽しめる。成長が比較的旺盛。無茎種と有茎種がある [※1]。どちらも暑さに弱いため、西日を避けて植えるとよい

ナンテン（メギ科）

[花期] 6月 [形態] 常緑広葉樹 [陰陽] ― [高さ分類] 低木 (0.5〜3m)

常緑樹だが、葉が薄く軽やかな印象。開花は6月だが、紅葉と赤い実を観賞できる秋が美しい。センリョウと同様、正月の飾りにも使われる

ヤブラン（キジカクシ科）

[花期] 9月 [形態] 常緑多年草 [陰陽] ― [高さ分類] 地被 (0.3m)

草丈20cm程度で剪定の必要がない。葉色が深緑のヤブランは和風の雰囲気に調和するが、フイリヤブランであれば葉に白い斑が入って明るい印象なので、洋風にも使える

ヤマブキ（バラ科）

[花期] 4月 [形態] 落葉広葉樹 [陰陽] 半陰樹 [高さ分類] 低木 (0.5〜2m)

明るい黄色い花が特徴。日本の野山に自生する。成長が旺盛で背が高くなりやすい（最大3m）。花が八重咲になるヤエヤマブキも多用される

タマシダ（ツルシダ科）

[花期] ― [形態] 常緑多年草 [陰陽] ― [高さ分類] 地被 (0.3m)

土が乾かないよう一年を通して水やりが必須。亜熱帯気候の沖縄ではグラウンドカバーとして使われてきた。温暖化によって冬季の温度が高まったことで、近年、そのほかの都市部でも使えるようになった

日当りの悪い場所は日陰を好む種を

建物の北側や中庭は日光が当たりづらく、一見植物が育ちにくい環境にも思える。しかし、日陰を好む植物は意外に多い。また、成長も緩やかで大きくなりすぎないため育てやすいというメリットがある。適材適所の植物選びで、暗くなりがちな場所でも美しい景観をつくりたい。

アオキ（アオキ科）

[花期] ― [形態] 常緑広葉樹 [陰陽] 陰樹 [高さ分類] 低木 (0.6〜3m)

艶やかな緑色の葉が特徴。雌株は赤い実が付く。近年人気のフイリアオキは葉に黄色い模様が入る

マホニアコンフューサ（ホソバヒイラギナンテン）（メギ科）

[花期] 3月 [形態] 常緑広葉樹 [陰陽] 中庸樹 [高さ分類] 低木 (0.6〜3m)

細く艶のない葉が特徴で、やわらかい印象。和風にもトロピカルテイストにも調和しやすい

ブルーベリー（ツツジ科）

[花期] 4月 [形態] 落葉広葉樹 [陰陽] 陽樹 [高さ分類] 低木（0.5〜3m）

実を楽しむために導入することが多いが、小ぶりな葉や釣鐘形の花も好まれ、観賞樹としても人気。日当りのよい場所を好む。ただし高温は苦手

ニューサイラン（ススキノキ科）

[花期] ― [形態] 常緑多年草 [陰陽] ― [高さ分類] 低木（0.6m）

原産はニュージーランド。赤銅色の尖った葉が個性的な形状。乾燥と暑さと日当りを好むため、比較的水やりが楽

ワイヤープランツ（タデ科）

[花期] ― [形態] 常緑多年草 [陰陽] ― [高さ分類] 低木（0.3〜0.6m）

原産はニュージーランド。小さな丸い葉が可愛らしい印象。ツル植物のように見えるが、匍匐性で放射状に広がることから、地被や下垂れに使える

レモン（ミカン科）

[花期] 5月 [形態] 常緑広葉樹 [陰陽] 中庸樹 [高さ分類] 高木・中木（1.5〜4m）

寒さに弱いが、温暖化で栽培可能地域が広がった。-3℃より寒くなる地域では、寒冷紗（植物の地表に出ている部分を覆い、気温の低下や害虫から守るための布）で樹木全体を覆うなどの対策が必要

アガベ（リュウゼツラン）
（リュウゼツラン科）

[花期] ― [形態] 多肉植物 [陰陽] ― [高さ分類] 低木（0.5〜1m）

個性的な形状で近年人気。日当りがよく、乾燥した暑い環境を好むため、水やりの頻度は少なくてよい

ヤタイヤシ（ココスヤシ）
（ヤシ科）

[花期] ― [形態] 常緑特殊樹 [陰陽] ― [高さ分類] 高木（3〜7m）

トロピカルな雰囲気をつくるのに多用される。耐暑性・耐寒性があり管理しやすい。日当りのよい場所、特に直射日光を好むため屋外で育てるとよい

近年の流行ベスト8

温暖化のため、亜熱帯などの温暖な地域の植物が日本の都市部でも育てやすくなった。形状が個性的で存在感のあるものが多く、外国のような雰囲気を醸し出す景観をつくることができる。食べられる実が付くものなど、観賞に留まらない楽しさを味わえる植物も人気。

シマトネリコ（モクセイ科）

[花期] 6月 [形態] 常緑広葉樹 [陰陽] 中庸樹 [高さ分類] 高木・中木（2〜15m）

常緑樹の中では葉が薄く透明感があるため近年人気。中木、高木どちらでも使え、株立ちから一本立ちまでいろいろなタイプがある。成長が旺盛なので、樹形や大きさをキープするには頻繁な剪定が必要 [※2]

オリーブ（モクセイ科）

[花期] ― [形態] 常緑広葉樹 [陰陽] 陽樹 [高さ分類] 高木・中木（1.5〜6m）

地中海沿岸のように暖かく乾燥した環境を好む。風に比較的耐えるため、屋上庭園に最適。自家受粉（植物の花粉が同一個体の花のめしべに受粉すること）が難しいため、実を収穫したい場合は2本以上植える

解説：山﨑誠子、写真：庭木図鑑 植木ペディア（https://www.uekipedia.jp）、photoAC、pixabay、PIXTA
※2 もともと奄美大島などの日本の南部に分布していたが、温暖化で都市部でも育てられるようになった。繁殖力もあり、外来種扱いで利用できない自治体もあるので注意が必要

島田貴史［しまだ・たかし］しまだ設計室
1970年大阪府生まれ。'94年筑波大学芸術専門学群環境デザイン専攻卒業。'96年京都工芸繊維大学デザイン工学科造形工学専攻修了。ブレック研究所勤務を経て、2008年しまだ設計室設立。明星大学非常勤講師

鈴木俊彦［すずき・としひこ］
SQOOL一級建築士事務所
1981年兵庫県生まれ。'99年兵庫県立兵庫高等学校卒業。2004年京都大学工学部建築学科卒業。'06年ハウスメーカーに入社ののち、'15年兵庫県でSQOOL一級建築士事務所を設立「人から建築を創る」ことを基本とし、家づくりを行っている

スノーピーク
1958年、新潟県三条市にて創業したアウトドアメーカー。「自然と人、人と人をつなぎ、人間性を回復する」ことを社会的使命とし、キャンプ用品やアパレルの開発、国内外での販売のほか、地方創生、ビジネスソリューションなど、幅広い事業を展開する

園部竜太［そのべ・りゅうた］
ソノベデザインオフィス
1968年京都府生まれ。照明デザイナー。'90年京都芸術短期大学（現・京都芸術大学）卒業、小泉産業（コイズミ照明）に入社。光環境デザイン研究所で照明設計に携わる。2002年フリーでの活動を開始

辰己耕造［たつみ・こうぞう］GREEN SPACE
1976年大阪府生まれ。庭プロデューサー。弟で庭師の辰己二朗とともに、オーセンティックでヒップな庭づくり集団を率いる。セレクトショップやホテル、カフェ、保育園、住宅など幅広い庭づくりを強みとする

田中敏溥［たなか・としひろ］
1944年新潟県生まれ。'71年東京藝術大学大学院修了後、茂木計一郎氏のもとで環境計画および建築設計活動に従事。'77年田中敏溥建築設計事務所設立。2023年より、椅子のデザインに取り組んでいる

月江成人［つきえ・しげと］プランタス
1964年兵庫県生まれ。ホルティカルチャリスト。大学卒業後、欧米の植物園にて研鑽を積む。国内の植物園でキュレーターとして植栽企画に携わったのち、プランタスを設立。植物が主役の庭づくりを提案する

中西義照［なかにし・よしてる］FORMA
1966年京都府生まれ。'88年大阪デザイナー専門学校卒業。アトリエ系設計事務所、ゼネコン設計部門を経て、2000年にFORMA建築研究室設立。'21年FORMAに名称変更

赤沼 修［あかぬま・おさむ］赤沼修設計事務所
1959年東京都生まれ。'82年東海大学工学部建築学科卒業。'86〜'93年林寛治設計事務所勤務。'94年赤沼修設計事務所設立。2010年よりNPO法人 家づくりの会設計会員

新井崇文［あらい・たかふみ］
新井アトリエ一級建築士事務所
1974年神奈川県生まれ。'96年東京都立大学法学部法律学科卒業。'99年東京都立大学工学部建築学科卒業。同年〜2013年日本設計勤務。'13年新井アトリエ一級建築士事務所設立

石田伸一［いしだ・しんいち］石田伸一建築事務所
1979年新潟県生まれ。2000年新潟工科専門学校卒業。同年アサヒアレックスに入社。'18年石田伸一建築事務所設立。同年住宅資産管理センター代表理事就任。'20年林業・製材業を行うUC Factory設立

伊瀬和裕［いせ・かずひろ］テトラワークス
1979年岡山県生まれ。広島の工務店勤務。在職中にさまざまな方面から建築を学ぶ。2019年テトラワークス設立

遠藤照明［えんどうしょうめい］
1967年創業。LED照明器具の製造販売を中心に事業展開。無線制御システムや次世代調光調色など独自の製品開発や最適な光環境の提案を行う

久保隆文［くぼ・たかふみ］Mantle
1976年生まれ。照明デザイナー。2001年武蔵工業大学（現・東京都市大学）大学院修了。同年大成建設に入社。ライティング プランナーズ アソシエーツを経て、'18年Mantle設立

栗田信三［くりた・しんぞう］彩苑
1951年東京都生まれ。造園家。嵯峨苑・岡伍郎氏に師事。'83年彩苑設立。個人住宅の庭づくりを通して、林のような自然でやわらかな空気につつまれた街の暮らしを提案

定方三将［さだかた・みつまさ］上町研究所
1970年山口県生まれ。'92年神戸大学工学部建築学科卒業。'92〜'98年昭和設計勤務。'98年上町研究所設立。2014年株式会社に改組

迎川利夫［むかえがわ・としお］木造ドミノ研究会
1952年神奈川県生まれ。'77年武蔵野美術大学造形学部建築学科卒業。マツモト建設、OM研究所、相羽建設を経て、現在、木造ドミノ研究会主宰。建築プロデューサー。少ないエネルギー消費で快適に永く暮らせる家づくり・街づくりを行っている

八島正年［やしま・まさとし］八島建築設計事務所
1968年福岡県生まれ。'93年東京藝術大学美術学部建築科卒業。'95年同大学大学院美術研究科修士課程修了。'98年八島正年＋高瀬夕子建築設計事務所共同設立。2002年八島建築設計事務所に改称

八島夕子［やしま・ゆうこ］八島建築設計事務所
1971年神奈川県生まれ。'95年多摩美術大学美術学部建築科卒業。'97年東京藝術大学大学院美術研究科修士課程修了。'98年八島正年＋高瀬夕子建築設計事務所共同設立。2002年八島建築設計事務所に改称

安原幹［やすはら・もとき］SALHAUS
1972年大阪府生まれ。'96年東京大学工学部建築学科卒業。'98年同大学院工学系研究科建築学専攻修士課程終了。'98〜2007年山本理顕設計工場勤務。'08年SALHAUS共同設立。'18年東京大学准教授

山口紗由［やまぐち・さゆ］メグロ建築研究所
1985年東京都生まれ。2010年日本女子大学大学院修了。'09年Drawing notes共同設立、'14年メグロ建築研究所に改組。日本女子大学非常勤講師

山﨑誠子［やまざき・まさこ］GAヤマザキ
1961年東京都生まれ。'84年武蔵工業大学（現・東京都市大学）工学部建築学科卒業後、東京農業大学造園学科聴講生として2年間在籍。'92年GAヤマザキ設立。日本大学准教授

渡辺ガク［わたなべ・がく］
g_FACTORY建築設計事務所
1971年岩手県生まれ。'93年東京デザイナー学院スペースデザイン科卒業。瀬野和広＋設計アトリエを経て、2007年g_FACTORY建築設計事務所設立。東洋大学非常勤講師

主要参考文献
『世界で一番やさしい　住宅用植栽』（エクスナレッジ、2021）、『エクステリアプランナーハンドブック　第10版』（建築資料研究社、2021）、『エクステリア＆ガーデンマイスターテキストブック』（タカショー）

パナソニック
1918年創業。部品から家庭用電子機器、電化製品、FA機器、情報通信機器、および住宅関連機器等に至るまでの生産、販売、サービスを行う総合エレクトロニクスメーカー

比護結子［ひご・ゆうこ］ikmo
1972年 愛知県生まれ。'95年奈良女子大学家政学部住居学科卒業、'97年東京工業大学大学院修士課程修了。'99年ikmo共同設立

平井充［ひらい・みつる］メグロ建築研究所
1974年北海道生まれ。2006年工学院大学大学院修了。吉原設計事務所を経て、'09年Drawing notes共同設立、'14年メグロ建築研究所に改組。実践女子大学、京都工芸繊維大学非常勤講師

藤倉陽一［ふじくら・よういち］
藤倉造園設計事務所
1971年東京都生まれ。造園家。京都木戸雅光作庭事務所にて数寄屋建築の露地を中心に7年修行。榊原八朗ランドスケープデザインスクール修了

藤原徹平［ふじわら・てっぺい］
フジワラテッペイアーキテクツラボ
1975年神奈川県生まれ。2001年横浜国立大学院修了。同年より隈研吾建築都市設計事務所勤務を経て、'12年よりフジワラテッペイアーキテクツラボ主宰

増木奈央子［ますき・なおこ］市中山居
1996年愛知工業大学建築学科卒業。同年〜2018年アトリエ系設計事務所勤務。'19年自宅「通庭が楽しい家」で市中山居を設立。都市にいながら、自然と人と共に暮らす住まいを手がけている

松下高弘［まつした・たかひろ］
エムデザインファクトリー
1958年長野県生まれ。'79年東京デザイン専門学校建築学部建築士科卒業。'89年パース・模型製作のエムデザインファクトリー設立。2018年〜建築・エクステリアの企画デザイン事務所主宰。専門学校E&Gアカデミー講師。URL：m-design-factory.jimdofree.com

水石浩太［みずいし・こうた］水石浩太建築設計室
1973年大阪府生まれ。'97年横浜国立大学工学部建設学科建築学コース卒業。2000年東京藝術大学大学院美術研究科修士課程修了。'00年袴田喜夫建築設計室入所。'03年TKO-M.architects共同設立。'09年水石浩太建築設計室設立

建築の仕組みが見える02
最高の緑とエクステリア

2024年12月2日　初版第一刷発行

発行者　三輪浩之

発行所　株式会社エクスナレッジ
〒106-0032
東京都港区六本木7-2-26
https://www.xknowledge.co.jp/

問合せ先　編集　Tel：03-3403-1381
　　　　　　　　Fax：03-3403-1345
　　　　　　　　info@xknowledge.co.jp
　　　　　　販売　Tel：03-3403-1321
　　　　　　　　Fax：03-3403-1829